广东特色现代学徒制系列丛书

ZHIYE DIANZHANG CHENGZHANG SHOUCE

百果园职业教育联盟现代学徒制职业店长培养系列教材

职业店长成长手册

主　编：熊自先　张晓青　门洪亮
副主编：刘　飞　杨问芝

广东高等教育出版社
Guangdong Higher Education Press
·广州·

内容简介

本书以适应高等职业教育人才培养规格的要求为目标，定位于为零售行业培养具备门店运营管理技能的零售店店长人才。全书包括"店长自我修养与自我管理能力训练""店长销售技能训练""店长管理技能训练""店长经营技能训练"4 个项目，共 12 个具体训练任务，力求让准店长和店长们通过项目任务的训练，掌握相应的知识与技能，全面提升经营管理能力。

本书既可作为高职高专院校营销、管理类专业学生的实训教材，也可作为连锁零售门店的店长培训教材。

图书在版编目（CIP）数据

职业店长成长手册/熊自先，张晓青，门洪亮主编．—广州：广东高等教育出版社，2016.11

（广东特色现代学徒制系列丛书）

百果园职业教育联盟现代学徒制职业店长培养系列教材

ISBN 978-7-5361-5766-8

Ⅰ．①职…　Ⅱ．①熊…②张…③门…　Ⅲ．①商店-商业管理-职业教育-教材　Ⅳ．①F717

中国版本图书馆 CIP 数据核字（2016）第 265724 号

出版发行	广东高等教育出版社
地址	广州市天河区林和西横路
邮政编码	510500　电话：（020）87551597　87551077
	http://www.gdgjs.com.cn
印刷	佛山市浩文彩色印刷有限公司
开本	787 毫米×1 092 毫米　1/16
印张	6.5
字数	153 千
版次	2016 年 11 月第 1 版
印次	2016 年 11 月第 1 次印刷
定价	18.00 元

编委会成员名单

编委会主任：

阚雅玲　广州番禺职业技术学院管理学院院长
　　　　广州番禺职业技术学院百果园学院理事长
徐艳林　深圳百果园实业发展有限公司总经理
　　　　广州番禺职业技术学院百果园学院副理事长

编委会副主任：

熊自先　深圳百果园实业发展有限公司校企合作总监
　　　　广州番禺职业技术学院百果园学院院长
谭福河　广州番禺职业技术学院管理学院副院长
　　　　广州番禺职业技术学院百果园学院执行副院长
陈志鸿　深圳市连锁经营协会副秘书长
汤　云　武汉商学院商贸物流学院副院长
何　农　金华职业技术学院经济管理学院院长
渠晓伟　中山职业技术学院经济管理学院院长
张向红　马鞍山职业技术学院经济贸易系主任
俞　彤　河源职业技术学院工商管理学院院长
张　岐　广东科贸职业学院经济管理系主任
高　钧　顺德职业技术学院经济管理学院院长
范明明　东莞职业技术学院管理科学系主任
杨志勇　广州市商贸职业学校校长
李庆韶　东莞市商业学校副校长

编委会成员：

柳二白　联商网专栏作家（特别邀请）
门洪亮　广州番禺职业技术学院百果园学院教研室主任
张晓青　广州番禺职业技术学院市场营销专业带头人
李引霞　广州番禺职业技术学院百果园学院专任教师
杨问芝　广州番禺职业技术学院百果园学院专任教师
王书暐　广州番禺职业技术学院百果园学院专任教师
丁玉红　广州番禺职业技术学院百果园学院专任教师
李　霞　广州番禺职业技术学院百果园学院专任教师
王彦保　广州番禺职业技术学院百果园学院专任教师
刘　飞　深圳百果园实业发展有限公司广州人力资源部经理
林兴溪　深圳百果园实业发展有限公司校企合作总监助理

序

　　现代学徒制是传统学徒培训与现代学校教育相结合、企业与学校合作育人的一种职业教育制度。广东是全国改革开放的先行地，在探索现代学徒制方面走在全国前列。自2014年以来，广东稳步推进现代学徒制试点工作，到2015年8月，有10家单位入选教育部首批现代学徒制试点单位，入选数量在全国位居前茅。广州番禺职业技术学院是首批国家示范高职院校，也是全国首批现代学徒制试点院校，同时还承担了广东省高等职业教育市场营销专业现代学徒制专业教学标准研制工作，在以标准化引领现代学徒制试点方面走在了前列。

　　从实践来看，广州番禺职业技术学院牢牢把握现代零售业发展对零售店长人才的需求，牵手行业领军企业、高职院校、本科院校、中职学校等成立职教联盟，以现代学徒制"职业店长"培养为抓手，通过专业教学标准研制、共同组建科研团队、教师培训与交流、教学资源建设与共享、现代学徒制联合招生申报等方式，升级二级学院办学模式，形成了互利共生机制，凸显集群化与连锁化办学效应。《校企共建百果园学院　深度探索现代学徒制》被教育部选为典型案例，在2015年现代学徒制国际研讨会上作为国内高职仅有的两个代表之一做经验介绍。广东特色现代学徒制系列丛书之"百果园职业教育联盟现代学徒制职业店长培养系列教材"，既是该学院现代学徒制工作成果的凝练总结，又是广东特色现代学徒制实践的重要组成部分，更为可贵的是，它为思考"何为现代学徒制的广东特色"开辟了新的视角，拓展了新的空间。

　　广州番禺职业技术学院零售店长集群化与连锁化培养模式探索，不仅将现代学徒制视为技术技能训练模式，还将其视为职业文化建设与传播重要方式和职业院校在社会生态系统中重塑自身角色的机会，这将会把推动零售店长社会生态系统健康发展作为核心诉求。作为探索的成果，该丛书的思路及构想既代表了广东特色现代学徒制的发展方向，也凝聚了广东职教人大胆探索、先行先试的智慧和勇气。丛书中提出："现代学徒制框架下零售店长培养的第一目标虽然是就业，但首要目标是文化塑造与传播，这是人才培养模式改革应当遵循的基本理念。"我想这既是基本理念，也应当是现代学徒制探索的战略任务，是培育现代学徒制广东特色的工作方向，是落实大国工匠精神的具体体现，因为职业教育理应成为职业文化的高地和工匠精神的摇篮。

探索性工作的迷人之处在于百花齐放、百舸争流所表现出来的生机与活力。试点团队不辱使命，以令人赞叹的职业教育使命感与工作智慧，破解了探索道路上的一个个难题，形成了丰硕的、具有行业特色与院校特色的研究与实践成果，这是非常值得赞赏的。改革贵在坚持、重在创新，我期待着有更多的有识之士投入激情燃烧的职业教育改革发展中，期待着职业教育改革发展成果一个又一个诞生于岭南大地、耀眼于珠江之畔！

有感而发，是为序。

广东省教育研究院
院长、党委书记
2016年9月19日

出版说明

产教融合、校企合作是职业教育的基本规律，但高职院校传统的营销、管理类专业一方面没有行业背景，面向各行各业基于学科体系培养"万金油"；另一方面与中职相关专业人才培养定位没有明显区别，培养"店员"之类的低端人才。广州番禺职业技术学院率先实施专业教学改革，全面升级人才培养目标、人才培养模式、校企合作与校校合作模式以及二级学院办学模式，现已取得显著成效，希望通过出版"百果园职业教育联盟现代学徒制职业店长培养系列教材"总结改革经验、共享改革成果，更好地服务学生、服务教师、服务企业，进而服务中国经济和社会发展。我们为实施现代学徒制培养职业店长主要做了以下探索：

1. 围绕现代零售业，适应产业升级与专业发展，确立职业店长人才培养目标

将高职院校传统营销、管理类专业人才培养目标转型升级为培养零售行业的"职业店长"。考虑高职学生的能力和经验，门店定位于单店面积200平方米左右、营业额在1 000万元/年左右的连锁零售门店。

2. 校企合作从订单班转型升级为现代学徒制，实现店长培养与企业的零对接

现代学徒制是最符合职业教育教学规律的育人模式，而订单班等其他人才培养模式，无论课程设置与组织再怎么体现职业岗位工作过程、教学设备与环境再怎么先进仿真、师资队伍再怎么有企业经验，都与企业真实岗位工作有一定距离，都无法实现真正的"零对接"。

3. 与百果园公司校企合作成立双主体办学的百果园学院，升级二级学院办学模式

百果园公司目前有1 500余家专卖店，计划到2020年开店5 000家，到2030年开店10 000家，力争成为世界果业第一品牌。企业的发展规模、发展速度以及优秀的企业文化、完善的员工生涯规划与成才培训体系为高职院校相关专业的发展提供了稳定、可靠的"职业店长"学徒岗位。

4. 创新职业店长核心课程，实现"高等性""职业性"和"教育性"的有机融合

针对高职院校人才培养在"高等性""职业性"和"教育性"出现的"夹生饭""两张皮"现象，校企合作开发了《现代学徒制框架下零售店长培养模式研究与实践》《岗前辅导——店长从这里起步》《销售型店长》《管理型店长》《经营型店长》《职业店长成长手册》等教材，在人才培养目标、培养内容、培养方式、师资配备等方面高度协同，最终实现"高等性""职业性"和"教育性"的有机融合。

5. 成立职教联盟，研制专业教学标准，校企合作、校校合作联手培养职业店长，凸显集群化、连锁化办学效应

由广州番禺职业技术学院与深圳百果园实业发展有限公司牵头，联合行业协会及中

高本等学校共同发起成立百果园职教联盟。人才培养定位是中职培养店员，高职培养店长，本科培养经理。联盟以现代学徒制"职业店长"培养为抓手，通过专业教学标准的研制、共同组建科研团队、教师的培训与交流、教学资源的建设与共享、现代学徒制招生的联合申报等方式初步形成了互利共生机制，凸显集群化与连锁化办学效应。

6. 拟将百果园学院升级为职业店长学院，将百果园职教联盟升级为店长职业教育集团，服务整个零售行业

广州番禺职业技术学院是教育部批准的100所高职院校现代学徒制试点单位，是广东省教育厅批准的现代学徒制市场营销专业教学标准的研制单位。经过几年的探索，目前条件已经成熟，正在准备将百果园学院升级为职业店长学院，将百果园职教联盟升级为店长职业教育集团，服务整个零售行业，进而服务更多的学生和企业。

通过上述6个方面的探索，我们在人才培养目标的升级、现代学徒制的人才培养模式与办学模式的实践以及专业核心课程的开发与建设等方面取得了较为显著的成效。现组织编写《现代学徒制框架下零售店长培养模式研究与实践》《岗前辅导——店长从这里起步》《销售型店长》《管理型店长》《经营型店长》《职业店长成长手册》等教材，为百果园职教联盟及其他相关院校实施现代学徒制及培养职业店长提供借鉴和参考。

此系列教材由校企双方具有丰富零售行业实践经验和一线教学与研究经验的人员共同组成"双师"结构的编委会编写，使教材充分体现现代职业教育的特点，紧密配合教学目标、教学内容、教学组织和教学方式，使其成为帮助教师和学生共同实现"职业店长"人才培养目标的重要支撑。在教学目标上基于素质与能力并举，体现立德树人为先；在教学内容上基于工作岗位和工作任务，体现工作职业化的特点；在教学组织上基于现代学徒制或订单班的人才培养模式，体现"工学结合、工学交替"；在教学方式上基于翻转课堂等教学理念，体现以学生为中心。

该系列教材是国内首套基于现代学徒制培养职业店长的系列教材，编写过程中广东省教育厅、广东省教育研究院等有关领导与专家给予了大力支持，深圳百果园实业发展有限公司给予了鼎力配合，百果园职教联盟各成员单位给予了热情帮助，在此特别致以衷心的感谢！

阚雅玲
2016年5月1日

前　言

在零售业界流行这样一句话："开不开店看老板，赚不赚钱看店长。"一个店铺经营业绩的好坏直接取决于店长水平的发挥。店长是零售终端的指挥官，是店铺经营成败的关键角色。要想成为优秀店长，店面管理的十八般武艺样样要精通。拥有顶尖高手境界的店长，可以使店铺运转顺畅，使店员充满激情，使顾客的需求得到最大限度的满足，不仅带来经营业绩的提升，还使得品牌的声誉日隆，让店铺的发展前景更为广阔。

一个优秀的职业店长的特质和技能并非与生俱来，需要不断的学习、训练和实践。广州番禺职业技术学院（以下简称"番职院"）于2012年开始与深圳百果园实业发展有限公司（以下简称"百果园公司"）开展深度的校企合作，进行职业店长人才培养的探索与实践，培养了一大批职业店长人才，也积累了丰富的人才培养和专业教学经验。2015年番职院与百果园公司联合开展现代学徒制人才培养工作，并牵头联合境内外15家单位成立了百果园职业教育联盟，借助该平台开展更大范围和更深层次的校企合作、专业建设、现代学徒制人才培养等方面的交流、合作和资源共享。

番职院与百果园公司在前期校企合作、人才培养的基础上，遵循店长成长的职业发展规律，联合开发了校企合作系列教材，包括《现代学徒制框架下零售店长培养模式研究与实践》《岗前辅导——店长从这里起步》《销售型店长》《管理型店长》《经营型店长》《职业店长成长手册》等教材。

本教材系统阐述了职业店长所需训练的项目，具体包括：店长自我修养与自我管理能力训练、店长销售技能训练、店长管理技能训练和店长经营技能训练4个项目，共12个具体训练任务。本教材的附录是百果园公司为现代学徒制市场营销专业的学生量身打造的成长手册。该手册将全面记录和见证学生从新员工到店长的成长路径和过程，可为其他零售企业培养职业店长提供参考和借鉴。相信通过本教材的项目—任务训练，将帮助准店长和店长们全面提升其销售、管理和经营技能。

本教材具有以下特色：

1. 具有产教结合的特点。本教材由具有丰富高职教育经验的教师与具有丰富门店实践经验的企业资深人士共同编写。

2. 具有鲜明的职业教育特点。本教材打破传统的"章、节"编写模式，以"项目为导向，工作任务为驱动"，紧紧围绕学生关键能力的培养来组织教材内容，突出了教材的实践性与可操作性。

3. 突出对学生技能的培养。教材的各项任务依据职业店长岗位所需要的各项技能进行设计，突出对店长素质和技能的培养。

本教材由百果园公司熊自先、刘飞以及番职院张晓青、门洪亮、杨问芝共同编写，具体分工如下：熊自先撰写项目一和项目三，张晓青撰写项目二，门洪亮撰写项目四，刘飞负责部分案例的撰写，门洪亮和杨问芝撰写附录。

本教材在编写过程中，参考了大量资料，并从公开发表的图书、报刊和网站上选用了一些案例和材料，限于篇幅，书中只列出了主要参考文献。在此，对所有作者表示衷心的感谢，如有遗漏，谨向相关作者致歉。

由于编者水平有限，编写时间仓促，书中不尽如人意之处在所难免，恳请专家和读者批评指正，不甚感激！

编　者

2016年8月

目录

项目一　店长自我修养与自我管理能力训练 …… 1
  任务一　理解"店长是店铺的灵魂" …… 1
  任务二　明确店长的岗位职责 …… 4

项目二　店长销售技能训练 …… 7
  任务一　寻找顾客 …… 7
  任务二　导购 …… 9
  任务三　陈列商品 …… 12
  任务四　门店促销 …… 14

项目三　店长管理技能训练 …… 18
  任务一　店面商品管理 …… 18
  任务二　员工管理 …… 20
  任务三　客户管理 …… 22

项目四　店长经营技能训练 …… 25
  任务一　分析门店所在商圈 …… 25
  任务二　提升门店经营业绩 …… 28
  任务三　开展有效竞争 …… 32

附录 …… 37

参考文献 …… 91

店长自我修养与自我管理能力训练

任务一 理解"店长是店铺的灵魂"

【训练目标】

1. 明白为什么要做店长。
2. 了解具备什么条件才能胜任店长。
3. 了解店长对门店业绩和团队成长的影响。
4. 了解店长在公司文化传承、战略落地和品牌传播方面所起的重要作用。

【案例导入】

　　L曾经做过两个门店的店长,记得当初接管C店的时候,身边很多朋友都说,C店不好做,开业近两年了但日均业绩从未超过5 000元,不断亏损,甚至有可能倒闭,建议L不要去接。L也犹豫过、徘徊过、担心过。后来,L给一位资深的店长打电话,那位店长说:真正有能力的人是能够把一个别人认为不好的店,做成一个好店、盈利的店!真正的能者,是做别人认为做不到的事!

　　接下来,片区经理找L谈话,说总部给L 3个月的考核时间,希望L能好好整顿这家店。L当时虽然信誓旦旦,可难免还是有点心虚,但既然下了保证书,L觉得再难也要去尝试,哪怕做不好,至少努力过,不后悔。

　　C店属于小区店,小区店意味着要做服务、靠口碑,这样才能得到更多顾客的认可。为此,L想到一个吸引顾客、树立口碑的好办法。L特地建了一个C店VIP微信群,凡是购物满58元的顾客均可加入并参加抽奖活动,每月底会在群内抽奖并公布获奖名单。L还打印了群的二维码贴在店里,加入该群的顾客越来越多,也意味着C店的消费群体越来越大。每当新鲜的果品到货,L都会在群里晒几张照片,有些顾客想吃时会在群里发信息让C店送货,连电话都不用打,有的顾客则是看到C店发的照片自行前来购买,这大大提高了C店的销售量。

　　为了提升业绩,L制定了第二个改进措施——给店员设定业绩目标。例如,周一到周五早班目标设定为全天目标的38%,晚班则为62%;周六早晚班目标各设定为全天目标的50%;周日早班目标设定为全天目标的55%,晚班则为45%。合理的目标设定,有利于"小红花"奖励机制的实施和绩效奖金的分配。

L隔三岔五会发红包鼓励店员,从10元到50元不等,想尽一切办法调动员工的积极性。因为整个门店的利益是拴在一起的,门店业绩好了,店员的绩效奖金自然就高,以往店员每个月的绩效奖金都在100元上下,现在都变成1 000多元了。员工的收入得到了提高,他们自然会努力去完成目标,业绩和店员的积极性是一个互为因果的逻辑关系。

现在C店每天的业绩比L接店前多出3 000多元,这家门店也成为百果园在此区域较赚钱的门店之一,3个月后,公司不但没有关掉此店,反而谋求扩大此店。

【想一想】

查阅相关资料①,独立思考以下问题。

1. 什么样的店长才是优秀的店长?

2. 店长对门店业绩的重要作用体现在哪些方面?

3. 店长对门店团队稳定性和团队成长的重要作用体现在哪些方面?

4. 店长对公司文化传承的重要作用体现在哪些方面?

5. 店长对公司战略落地和品牌传播的重要作用体现在哪些方面?

---

① 全书此栏目所需资料可查阅由广东高等教育出版社出版的"百果园职业教育联盟现代学徒制职业店长培养系列教材"的相关教材。

【头脑风暴】

以项目团队为单位（4~5人），队员间相互交流以上独立思考的结果，并就以下问题进行讨论。

1. 既然店长对门店经营起着重要作用，那么如何科学有效地选拔店长？

2. 为什么说店长是店铺的灵魂？（至少从5个方面说明）

【实训要求与流程】

此项实训任务是找出优秀店长成功的原因，从中提炼人才成长的规律。

具体要求与流程如下：

1. 每个项目团队选出一名项目经理全面负责本次实训任务的组织与实施。注意，此前担任过经理一职的不能连续担任。

2. 制定调研方案（包括调研的时间、调研的对象、调研的内容、调研的方法和步骤等）。

3. 根据调研方案落实分工。由项目经理组织成员进行分工，根据各自的特长和优势，分别承担不同的任务。

4. 进行实地调研。每个项目团队首先从已毕业的师兄师姐中挑选出5位优秀的区域经理或店长以及5位业绩欠佳的店长，然后分为两组分别对这两种类型的店长进行访谈调研，访谈对象可以是师兄师姐本人，也可以是其家人、同学、朋友、同事等，访谈角度可以是知识、技能、态度、行为、性格、职业精神和道德等。

5. 团队内对访谈结果进行讨论和对比分析，总结出师兄师姐成功的经验和失败的教训。

6. 每个项目团队在全班汇报实训成果。

7. 评分、评奖。每个项目团队选出一名成员与教师一起组成评分小组，为各项目团队打分，得分最高者获评为本次实训任务的优秀团队。

【成果与考核】

1. 每个项目团队提交一份调研方案和报告，从中总结出优秀店长的成长规律。

2. 项目团队的考核采用过程性考核（占总分的40%）和结果性考核（占总分的60%）相结合的办法。过程性考核主要考核个人在团队中的表现，由项目团队成员互评和项目经理考核两方面组成；结果性考核主要考核调研方案和成果汇报。

任务二　明确店长的岗位职责

【训练目标】

1. 了解店长的岗位职责。
2. 了解店长的任职资格条件。
3. 了解店长所需要扮演的多种角色。
4. 了解店长和店员的差别。

【案例导入】

某水果连锁企业对其门店店长和店员的岗位职责要求摘录如下。

店员的岗位职责：

1. 了解公司与门店的各项规章制度。
2. 负责所管的店面区域及果品的清洁卫生。
3. 根据公司形象规范检查表和店长安排进行自我检查。
4. 熟悉果品的品种、产地、规格、属性、功效、禁忌以及销售价格。
5. 协助店长清点、收取货物，负责理货、上货、外卖送货和零钱兑换。
6. 掌握果品陈列知识，正确陈列果品。
7. 熟记果品编码，熟悉店面设备的操作规程，保证设备正常运转。
8. 熟悉果品加工的要求和方法，满足顾客的个性化需求。
9. 掌握果品的推销方法和顾客服务技巧。
10. 保证五价统一，即保证面价（商品面谈时的价格）、价格牌价、电子秤价、POS机价和后台系统价统一。
11. 熟悉库存管理的各项业务操作。
12. 做好果品的防损、防盗工作。
13. 做好消防安全和公共关系维护工作。
14. 及时向店长反馈工作中遇到的各种问题。
15. 完成店长下达的业绩目标。

店长的岗位职责：

1. 负责公司的经营理念在门店的执行与传播。
2. 贯彻公司各项制度及标准在门店的执行。
3. 负责门店日常管理工作，确保门店各项业绩目标的达成。
4. 及时向片区主管反馈门店销售的果品品质及销售状况。
5. 做好门店单品促销、店面促销、节假日促销等促销方案的策划与执行工作。
6. 负责门店的员工管理工作。
7. 负责门店品牌形象管理及业绩目标管理的百分制考核工作。

8. 向公司的其他门店输出人才。

【想一想】

查阅相关资料，独立思考以下问题。
1. 店长的素质要求有哪些？

2. 店长的能力要求有哪些？

3. 店长的专业知识要求有哪些？

4. 店长在门店扮演的角色有哪些？

【头脑风暴】

以项目团队为单位（4~5人），队员间相互交流以上独立思考的结果，并就以下问题进行讨论。
1. 店长与店员的区别有哪些？

2. 店长张三所在的门店每月都有人员流失，月流失率达10%，是公司月平均流失率的两倍。请从店长的岗位职责角度分析张三可能存在的问题。

【实训要求与流程】

此项实训任务是探讨如何实现从店员到店长的角色转变。

具体要求与流程如下：

1. 每个项目团队选出一名项目经理全面负责本次实训任务的组织与实施。注意，此前担任过经理一职的不能连续担任。

2. 制定调研方案（包括调研的时间、调研的对象、调研的内容、调研的方法和步骤等）。

3. 根据调研方案落实分工。由项目经理组织成员进行分工，根据各自的特长和优势，分别承担不同的任务。

4. 进行实地调研。每个项目团队首先从候选的店长中挑选出两种类型的店长各6位，一类是做店员和店长都优秀的，另一类是做店员时优秀而做店长却欠佳的，然后分为两组分别对这两种类型的店长进行访谈调研。

5. 团队内对访谈结果进行讨论，从两种不同类型店长的素质特征、能力特征和专业知识三个方面进行分析，探讨如何实现从店员到店长的角色转变。

6. 每个项目团队在全班汇报实训成果。

7. 评分、评奖。每个项目团队选出一名成员与教师一起组成评分小组，为各项目团队打分，得分最高者获评为本次实训任务的优秀团队。

【成果与考核】

1. 每个项目团队提交一份针对不同类型店长的访谈提纲。

2. 每个项目团队提交一份如何实现从店员到店长角色转变的分析报告。

3. 项目团队的考核采用过程性考核（占总分的40%）和结果性考核（占总分的60%）相结合的办法。过程性考核主要考核个人在团队中的表现，由项目团队成员互评和项目经理考核两方面组成；结果性考核主要考核调研方案和成果汇报。

项目二

店长销售技能训练

任务一 寻找顾客

【训练目标】

1. 提高搜集与处理信息的能力。
2. 培养良好的沟通和表达能力。
3. 学会使用不同的方法寻找顾客。
4. 具备一定的观察和判断能力。

【案例导入】

某企业的推销员小张从事推销工作多年,经验丰富,关系户较多,加之他积极肯干,在过去的几年中,他的推销量在公司内始终首屈一指。谁知新来的推销员小刘自从参加推销员培训回来后,不到半年,其推销量直线上升,当年就超过小张。对此小张百思不得其解,于是他问小刘:"你出门比较少,关系户没我多,为什么推销量比我大呢?"小刘指着手中的资料说:"我主要是在拜访前,分析这些资料,有针对性地拜访。比如,我对124名老顾客分析后,认为有购买可能的只有94户,根据以往经验,94户中21户的订货量不大,所以,我只拜访其余73户,结果订货率较高。其实,我的124名老顾客中只有57户订货,订货率不足50%,但我却可从中节省出大量时间去拜访新顾客。当然,这些新顾客也是经过挑选的,尽管订货率不高,但我与他们建立了关系,还是值得的。"从小刘这些话可见,成功之处,就在于重视目标顾客的选择。

【想一想】

查阅相关资料,独立思考以下问题。
1. 什么是现实顾客?

2. 什么是潜在顾客?

3. 为什么要寻找顾客？

4. 寻找顾客的原则是什么？

【头脑风暴】

以项目团队为单位（4~5人），队员间相互交流以上独立思考的结果，并就以下问题进行讨论。

1. 寻找顾客的方法有哪些？

2. 你认为上述讨论的方法中，哪些方法适合在门店采用？为什么？

【实训要求与流程】

此项实训任务是调查门店寻找顾客的方法。

具体要求与流程如下：

1. 每个项目团队选出一名项目经理全面负责本次实训任务的组织与实施。注意，此前担任过经理一职的不能连续担任。

2. 制定调研方案（包括调研的时间、调研的对象、调研的内容、调研的方法和步骤等）。

3. 根据调研方案落实分工。由项目经理组织成员进行分工，根据各自的特长和优势，分别承担不同的任务。

4. 进行实地调研。每个项目团队首先确定所要调研的8家门店，然后调查这些门店是如何寻找顾客的，从中归纳出主要的方法。

5. 每个项目团队在全班汇报实训成果。

6. 评分、评奖。每个项目团队选出一名成员与教师一起组成评分小组，为各项目团队打分，得分最高者获评为本次实训任务的优秀团队。

【成果与考核】

1. 每个项目团队提交一份调研方案。
2. 每个项目团队提交一份报告，总结所调研门店寻找顾客的方法。
3. 项目团队的考核采用过程性考核（占总分的 40%）和结果性考核（占总分的 60%）相结合的办法。过程性考核主要考核个人在团队中的表现，由项目团队成员互评和项目经理考核两方面组成；结果性考核主要考核调研方案和成果汇报。

任务二　导　　购

【训练目标】

1. 学会吸引和接触顾客的方法和技巧。
2. 具备良好的与顾客进行沟通的能力。
3. 能够处理顾客提出的各种异议。
4. 会使用不同方法与顾客达成交易。

【案例导入】

　　世界上没有卖不出去的货，只有卖不出货的人。好的导购员可以让原本平凡的店铺创造出奇迹，而再好的店铺，交给不好的人经营打理，一样会生意惨淡。下面是一名消费者讲述的被导购员成功说服购物的经历。

　　过年期间，我想买一双运动鞋，逛了几家店，感觉都没什么特色，导购员只是极力地说自己的商品如何好、如何便宜。后来又来到了一家店，我一进门，一个悦耳的声音便传来："欢迎光临本店。先生，您想买鞋吧。我们最近在做新年回馈活动，很多新款推出，我来给您介绍一下吧。"

　　这句话说得有意思，让我无法拒绝：又有新款，又有回馈，而且还主动向我介绍。回想其他店的导购员都是问：我有什么可以帮你？你要不要看看我们的新款？你需要什么样的鞋子？我最后只是简单地回复：我就随便看看……

　　在这家店的导购员介绍下，我发现了一双不错的鞋子。我问了一下价格，要 558 元，新年活动打折后也要 358 元。我说："你们的鞋子怎么这么贵？"导购员看着我，笑着说："您很会挑鞋子，这双鞋是新款，是厂家这次请国际设计师设计的，听说这位设计师在国际上还获过奖的，而且材料和做工都很不错……一分钱一分货，价格是不低，但绝对是值得的。"

　　好吧，有这番说辞，我不好再说贵了，只好说："你能否便宜一点？"导购员回答："您先试试，如果不合适，再便宜您也不会要不是。您穿多大码的鞋？哦，43 码，这双正是您要的大小，您坐这里试试。"

　　这时候我很自然地跟着导购员去试鞋了。但心里有点奇怪，这名导购员怎么那么容易就把我的问题给化解了呢？我怎么那么容易就顺着她走了呢？

在试鞋子的过程中，我问导购员："你们这个品牌我怎么没有听过？"导购员说："这个品牌是很有名的，您没有听过，我来给您解释一下……"太厉害了，导购员不回答我的问题，反而问了我一句，一下又掌握了主动权。鞋子试好，还不错，接下来我有心考验一下导购员了。我说："鞋子还不错，但还是太贵了，再便宜一点吧。"我想导购员应该会回答能便宜还是不能便宜吧，怎么也会减几块钱。怎料导购员回答："这双鞋真的是很划算的，如果不是新年，不可能打折。另外，这双鞋质量很好，至少可以穿两年，只要358元，算下来每天才5毛钱左右。我看您手上的钱包是普拉达（PRADA）的，值好多双鞋子了，要是鞋子太便宜也配不上，是不是？"

导购员的这番话让我觉得自己的身价被认可了，再还价真的不好意思。但我接着又说："我的这个钱包是冒牌的，才50块钱。"我倒想看看导购员怎么接话。

"您开玩笑了，从您的气质一看就是见过世面的，再看您钱包的拉链做工也不可能是仿品。您挑中一双鞋也不容易，其实358元真的不贵，就当您请了一位好朋友吃饭而已。"

我真的有点佩服这名导购员了，一方面告诉我时间也需要成本，另一方面又告诉我买这双鞋也就是一顿饭的钱，还是请好朋友吃饭的钱，说得都合情合理。但我仍然不死心，只好用最直接的方式挑战了。我说："这双鞋确实还可以，但你要是不便宜一点我总觉得亏了，你怎么也得给我打个折吧，以后我再介绍朋友到你这里来买。"

"能帮我介绍客户，真是太感谢您了。我只是个导购员，实在没有权力再打折了。这样吧，您下次过来，如果有赠品，我申请两份送您吧。您看这双鞋穿着也很合适，您一会儿是刷卡方便还是付现金方便？"

我说刷卡方便。导购员说："那您跟我到这边来刷卡。"

等我刷完卡后，我才发现导购员的这一招儿太狠了，先问是刷卡方便还是付现金方便，然后就直接把我带过去了，让我没有犹豫的机会。这时，导购员又说话了："我这里有给老顾客优惠的袜子，您买了我们的鞋子，也算老顾客了，价值68元的袜子，您给10元就好了，也算我刚才无法给您打折的一个补偿。好的，袜子在这里您拿好，欢迎您下次再来。"

这就是搭配套餐。明明是捆绑销售，却让我感觉是导购员帮了我的忙，是她在补偿我。我当时就跟导购员说太感谢她了。

等我买了鞋子和袜子回来，回顾整个过程，才发现这名导购员的销售技巧相当高超，从我进门到最后成交离开，她一直处于主导的地位。整个导购过程让我感觉很舒服，虽然商品最终没有降价，但我仍觉得占了便宜。

（案例来源：http://www.bullpeople.cn/story/detail/305.html，有改动。）

【想一想】

查阅相关资料，独立思考以下问题。

1. 什么是门店导购？门店为什么需要导购？

2. 要做好导购工作，应该掌握哪些知识和技能？

3. 导购工作分为几个步骤？

【头脑风暴】

以项目团队为单位（4~5人），队员间相互交流以上独立思考的结果，并就以下问题进行讨论。

1. 如何才能吸引顾客进门店？

2. 顾客进店之后，如何向顾客推荐商品？

3. 当顾客提出异议时，你将如何应对？

4. 为了促成交易，应该掌握哪些方法、注意哪些问题？

【实训要求与流程】

此项实训任务是调查门店导购的方法和技巧。
具体要求与流程如下：

1. 每个项目团队选出一名项目经理全面负责本次实训任务的组织与实施。注意，此前担任过经理一职的不能连续担任。

2. 制定调研方案（包括调研的时间、调研的对象、调研的内容、调研的方法和步骤等）。

3. 根据调研方案落实分工。由项目经理组织成员进行分工，根据各自的特长和优势，分别承担不同的任务。

4. 进行实地调研。每个项目团队首先确定所要调研的门店，然后分成2~3人一组负责调研其中的2~3家门店，可以顾客身份进店购买，观察店员的导购行为，熟悉导购活动的流程，学习导购工作的方法和技巧。

5. 每个项目团队根据调研经历编写表演脚本，两人一组分别扮演导购员和顾客，先在项目团队内进行表演，未表演的其他人作为观察者进行指导与评价，然后选出一组表现突出者在全班汇报表演。

6. 评分、评奖。每个项目团队选出一名成员与教师一起组成评分小组，为各项目团队打分，得分最高者获评为本次实训任务的优秀团队。

【成果与考核】

1. 每个项目团队提交一份调研方案。
2. 每个项目团队提交一份表演脚本。
3. 项目团队的考核采用过程性考核（占总分的40%）和结果性考核（占总分的60%）相结合的办法。过程性考核主要考核个人在团队中的表现，由项目团队成员互评和项目经理考核两方面组成；结果性考核主要考核调研方案和汇报表演。

任务三 陈列商品

【训练目标】

1. 了解商品陈列的基本原则。
2. 学会使用不同的方法进行商品陈列。
3. 具备一定的识别和判断能力。

【案例导入】

有效陈列是门店取得良好的销售业绩的途径之一，可为门店的日常经营带来活力。

曾经就有这样一个趣事。一名女高中生在7-11便利店做兼职，由于粗心大意，在进行酸奶订货时多打了一个零，使原本每天早晨只订3瓶酸奶变成了30瓶。按规矩应由这名女高中生自己承担损失，意味着她一周的兼职收入将付诸东流，这就逼着她只能想方设法地将这些酸奶赶快卖出去。苦思冥想的高中生灵机一动，把放酸奶的冷饮柜移到盒饭销售柜旁边，并制作了一张海报，写上"酸奶有助于健康"。令她喜出望外的是，第二天早晨，30瓶酸奶不仅全部销售一空，而且出现了断货。谁也没有想到这个小女孩戏剧性的实践给7-11带来了新的销售增长点。从此，在7-11放酸奶的冷饮柜便同盒饭销售柜摆在了一起。

由此可见，商品陈列对于商品销售的促进作用是十分明显的。

（案例来源：http：//blog.sina.com.cn/s/blog_d194a3af0102v2fh.html，有改动）

【想一想】

查阅相关资料，独立思考以下问题。

1. 商品陈列的目的是什么？

2. 商品陈列的原则是什么？

【头脑风暴】

以项目团队为单位（4~5人），队员间相互交流以上独立思考的结果，并就以下问题进行讨论。

1. 水果店和其他店铺的商品陈列有什么区别？

2. 商品陈列的方法有哪些？

3. 通过商品陈列能否起到增加销售额的作用？为什么？

4. 根据你多次去门店调研的经验，你认为哪家门店的商品陈列最吸引你，为什么？

【实训要求与流程】

此项实训任务是调查门店的商品陈列方法。

具体要求与流程如下：

1. 每个项目团队选出一名项目经理全面负责本次实训任务的组织与实施。注意，此前担任过经理一职的不能连续担任。

2. 制定调研方案（包括调研的时间、调研的对象、调研的内容、调研的方法和步骤等）。

3. 根据调研方案落实分工。由项目经理组织成员进行分工，根据各自的特长和优势，分别承担不同的任务。

4. 进行实地调研。每个项目团队首先挑选出至少4种不同经营类型的门店，每个队员负责调研其中一种经营类型的2~3家门店，观察和记录店内不同商品的陈列方法（可通过拍摄照片记录，但须事先征得店长同意）。

5. 团队内分享调研结果，对不同类型门店的商品陈列方法进行比较，指出各种陈列方法的优点和不足之处。

6. 每个项目团队在全班汇报实训成果。

7. 评分、评奖。每个项目团队选出一名成员与教师一起组成评分小组，为各项目团队打分，得分最高者获评为本次实训任务的优秀团队。

【成果与考核】

1. 每个项目团队提交一份门店商品陈列的分析报告。

2. 项目团队的考核采用过程性考核（占总分的40%）和结果性考核（占总分的60%）相结合的办法。过程性考核主要考核个人在团队中的表现，由项目团队成员互评和项目经理考核两方面组成；结果性考核主要考核调研方案和成果汇报。

任务四 门店促销

【训练目标】

1. 提高文字表达能力。
2. 学会使用各种促销手段和方法。
3. 具备一定的组织和策划能力。

【案例导入】

作为城市高收入代表的白领丽人，她们并不吝惜花钱，物质需求向精神享受的过渡，使她们往往陶醉于成功获得小利后的喜悦。屈臣氏正是捕捉了目标顾客这种微妙的心理细节，策划了一次又一次的促销活动，让都市时尚白领一族以逛屈臣氏商店为乐趣，并在购物后仍然津津乐道"淘宝"的经历。

(1) 超值换购。

在每一期的促销活动中，屈臣氏都会推出3种以上的超值商品，当顾客一次性购物满指定金额时，多加一点钱如10元即可任意挑选其中一件商品。这些超值商品通常是屈臣氏的自有品牌，所以能在实现低价位的同时保证利润。

(2) 独家优惠。

这是屈臣氏经常使用的一种促销手段。在寻找促销商品时，屈臣氏经常避开其他商家，别开花样，给顾客更多的新鲜感，同时也可提高顾客的忠诚度。

(3) 买就送。

屈臣氏的促销方式非常灵活多变，有买一送一、买二送一、买四送二、买大送小，送商品、送赠品、送礼品、送购物券、送抽奖券，等等。

(4) 加量不加价。

这一招儿主要针对屈臣氏的自有品牌产品，如面膜、橄榄油、护手霜、洗发水、护发素、化妆棉等，经常会推出加量不加价的包装，用鲜明的标签标示，以加量33%或加量50%为主，对消费者非常有吸引力。

(5) 优惠券。

屈臣氏经常会在促销宣传手册或者报纸海报上印剪角优惠券，在购买指定产品时，可以给予一定金额的购买优惠，节省五元到几十元不等。

(6) 套装优惠。

屈臣氏经常会向生产厂家定制专供的套装商品，以较优惠的价格向顾客销售，如资生堂、曼秀雷敦、旁氏、玉兰油等都会常做一些带赠品的套装，屈臣氏自有品牌也经常会推出套装优惠。例如，买屈臣氏骨胶原修护精华液一盒69.9元送49.9元的眼部保湿啫喱一支，促销力度很大。

(7) 震撼低价。

屈臣氏经常推出系列震撼低价商品，这些商品以非常优惠的价格销售，并且规定每个店铺必须陈列在店铺最前面、最显眼的位置，以吸引顾客。

(8) 多买更优惠。

购指定的同一商品满足指定数量，可享受打折优惠。例如，买营养水一支要60元，买两支的话可打9折，即共收108元。

(9) 会员卡。

屈臣氏推出自己的会员卡，拥有会员卡的顾客可享受会员价；每次消费可积分，积分可抵现金；会员日积分升值；生日月购物双倍积分；等等。

(10) 销售比赛。

"销售比赛"也是屈臣氏一项非常成功的促销活动，每期指定一些比赛商品，在各级别店铺（屈臣氏的店铺根据面积、地点等因素分为A、B、C三个级别）之间进行推销比赛，销售排名在前三名的店铺都将获得奖励。每次参加销售比赛的指定商品的销售业绩都会以奇迹般的速度增长，因而供货厂家也非常乐意参与这种有助于销售的活动。

（案例来源：http://www.wxphp.com/wxd_7lvwr40mcz3j4le875qp_1.html，有改动。）

【想一想】

查阅相关资料,独立思考以下问题。

1. 什么是促销?促销的目的是什么?

2. 常见的门店促销方法有哪些?

3. 开展促销活动有哪些注意事项?

【头脑风暴】

以项目团队为单位(4~5人),队员间相互交流以上独立思考的结果,并就以下问题进行讨论。

1. 水果店和其他店铺的促销方法有什么区别?

2. 一个完整的促销方案应该包括哪些内容?

3. 店长应如何组织安排门店的促销活动?

【实训要求与流程】

此项实训任务是调查门店的促销活动。

具体要求与流程如下:

1. 每个项目团队选出一名项目经理全面负责本次实训任务的组织与实施。注意,此前担任过经理一职的不能连续担任。

2. 制定调研方案(包括调研的时间、调研的对象、调研的内容、调研的方法和步骤等)。

3. 根据调研方案落实分工。由项目经理组织成员进行分工,根据各自的特长和优势,分别承担不同的任务。

4. 进行实地调研。每个项目团队首先挑选出至少4种不同经营类型的门店,每个队员负责调研其中一种经营类型的2~3家门店,观察店内不同商品的促销活动。

5. 团队内分享调研结果,对不同类型门店的商品促销方法进行比较,指出各种促销方法的优点和不足之处。

6. 以项目团队为单位,选取某种类型的门店或商品,为其设计一个促销活动策划方案。

7. 每个项目团队在全班汇报实训成果。

8. 评分、评奖。每个项目团队选出一名成员与教师一起组成评分小组,为各项目团队打分,选出"最佳促销活动策划方案"以及本次实训任务的优秀团队。

【成果与考核】

1. 每个项目团队提交一份门店/商品促销活动策划书。

2. 项目团队的考核采用过程性考核(占总分的40%)和结果性考核(占总分的60%)相结合的办法。过程性考核主要考核个人在团队中的表现,由项目团队成员互评和项目经理考核两方面组成;结果性考核主要考核调研方案和成果汇报。

项目三

店长管理技能训练

任务一 店面商品管理

【训练目标】

1. 清楚了解店面商品的分类原则、依据和分类规范。
2. 掌握商品构成、商品规划和商品配置等相关内容。
3. 掌握商品清货、补货、退换货、验收管理和库存管理等相关技能。
4. 掌握商品的破损管理、变价管理、盘点管理等相关技能。
5. 掌握商品组合的原则和方法。

【案例导入】

鲜度管理是水果门店的生命线。只有良好的鲜度管理，才能获得顾客的肯定，进而促进销售，提高门店的销售额。门店在完成果品陈列后，要及时关注并检查果品鲜度的变化，及时进行动态销售管理。此外，在销售过程中，必须及时整理货架，若不加整理，会影响果品的卖相并容易造成损耗。因此，对果品上架后的及时整理是门店销售人员的一项重要工作。

合理的商品组合，可以给顾客耳目一新的感觉，迅速提升顾客的购买欲望。果品组合讲究价格陪衬，带动销售。比如，甜蜜蜜冬枣是畅销的果品，如在其旁边组合一些价格比较高、相对冷门的果品，然后通过店员的引导，可带动此类单品的销量。果品陈列讲究颜色搭配，给顾客赏心悦目的感觉，同时货架要保持干净整洁，否则即使陈列得再好，由于卫生不达标，也会给顾客带来不良的购物体验。

【想一想】

查阅相关资料，独立思考以下问题。
1. 店面商品分类的原则和依据是什么？

2. 商品组合与配置的原则是什么？

3. 商品库存管理应该注意哪些问题？

【头脑风暴】

以项目团队为单位（4~5人），队员间相互交流以上独立思考的结果，并就以下问题进行讨论。

1. 如何通过商品的组合与配置来提升门店业绩？

2. 如何通过变位、变价管理加快门店商品周转？

3. 如何做好水果门店的鲜度管理？

【实训要求与流程】

此项实训任务是调查门店的商品组合与配置方法。
具体要求与流程如下：
1. 每个项目团队选出一名项目经理全面负责本次实训任务的组织与实施。注意，此前担任过经理一职的不能连续担任。
2. 制定调研方案（包括调研的时间、调研的对象、调研的内容、调研的方法和步骤等）。
3. 根据调研方案落实分工。由项目经理组织成员进行分工，根据各自的特长和优势，分别承担不同的任务。

4. 进行实地调研。每个项目团队首先挑选出至少4种不同经营类型的门店，每个队员负责调研其中一种经营类型的2~3家门店，观察店内的商品组合与配置。

5. 团队内分享调研结果，对不同类型门店的商品组合与配置方法进行比较，指出各种方法的优点和不足之处。

6. 以项目团队为单位，选取某种商品，为其设计一种组合与配置方案。

7. 每个项目团队在全班汇报实训成果。

8. 评分、评奖。每个项目团队选出一名成员与教师一起组成评分小组，为各项目团队打分，得分最高者获评为本次实训任务的优秀团队。

【成果与考核】

1. 每个项目团队提交一份商品组合与配置方案。

2. 项目团队的考核采用过程性考核（占总分的40%）和结果性考核（占总分的60%）相结合的办法。过程性考核主要考核个人在团队中的表现，由项目团队成员互评和项目经理考核两方面组成；结果性考核主要考核调研方案和成果汇报。

任务二 员工管理

【训练目标】

1. 了解员工管理在门店管理中的重要性。
2. 掌握与门店不同性格下属沟通的技巧。
3. 具备一定的识人用人能力。

【案例导入】

如何做好员工管理，常常是令店长特别是新店长比较困惑的问题。相当一部分店长在引导、培训、激励员工方面缺乏方法和技巧，不懂得通过发动员工和激发员工潜能来提升门店业绩。

以下是店长Y关于员工管理的经验分享。

第一，以身作则，做好自我管理。店长想要管理员工必须先严格要求自己，做到以身作则，这样才能在员工中树立威信，让员工愿意听从店长的安排。门店的业绩单靠店长一人是完成不了的，需要团队的力量。

第二，熟悉员工性格，量才而用。例如，让爱笑、性格外向的员工负责导购，而沉稳、性格内向的员工则负责理货和水果开切。这样，员工的积极性被调动起来，工作效率自然高。

第三，善于发现员工的优点，及时肯定和称赞员工，可激发员工对工作的热情，让员工觉得在工作岗位上能实现自我价值，从而促使员工以更佳的状态投入工作。

第四，通过日常例会加强目标管理，以提高员工绩效。Y每个月都会组织三次例会。

第一次例会安排在月初，目的在于向员工布置各项目标，告诉员工要朝着目标去奋斗，而不是盲目地做多少算多少。第二次例会是数据分析会，安排在月中，目的在于告诉员工目标的完成情况，与目标的差距，让员工心中有数。第三次例会安排在月尾，目的在于总结整个月的业绩，提出存在的问题和需改进之处，鼓励员工争取下个月做得更出色。

【想一想】

查阅相关资料，独立思考以下问题。

1. 员工管理的原则有哪些？

2. 员工离职的主要原因有哪些？

【头脑风暴】

以项目团队为单位（4~5人），队员间相互交流以上独立思考的结果，并就以下问题进行讨论。

1. 如何通过员工管理来留住员工，降低员工离职率？具体的方法有哪些？

2. 你认为上述哪些方法适合门店采用？为什么？

【实训要求与流程】

此项实训任务是调查门店在员工管理方面存在的问题。
具体要求与流程如下：
1. 每个项目团队选出一名项目经理全面负责本次实训任务的组织与实施。注意，此前担任过经理一职的不能连续担任。
2. 项目团队需完成以下任务并提交成果：

(1) 选取一家熟悉的门店，对其店长和员工进行访谈。
(2) 找出该门店在员工管理方面存在的问题，并分析原因。
(3) 针对存在的问题及导致问题的原因进行讨论，提出解决员工管理问题的方法。
(4) 提交"××门店员工管理建议方案"。
3. 通过头脑风暴法找出解决问题的方法，制定详细的调研方案。
4. 项目经理注意记录调研过程中各成员的任务执行情况，以供汇报时呈现。
5. 每个项目团队在全班汇报实训成果。
6. 评分、评奖。每个项目团队选出一名成员与教师一起组成评分小组，为各项目团队打分，得分最高者获评为本次实训任务的优秀团队。

【成果与考核】

1. 每个项目团队提交一份"××门店员工管理建议方案"。
2. 项目团队的考核采用过程性考核（占总分的40%）和结果性考核（占总分的60%）相结合的办法。过程性考核主要考核个人在团队中的表现，由项目团队成员互评和项目经理考核两方面组成；结果性考核主要考核调研方案和成果汇报。

任务三 客户管理

【训练目标】

1. 掌握客户调查的方法和技巧，准确把握顾客信息、顾客需求和市场动态。
2. 掌握客户服务的方法和技巧，为顾客提供感动服务，提高顾客的满意度和忠诚度。
3. 掌握客户投诉处理的方法和技巧，把抱怨顾客转变为忠实顾客。
4. 掌握会员发展与维护的方法和技巧。

【案例导入】

一天，A单位致电百果园，要求团购水果组合装礼盒一批，礼盒预算400元/个。

A单位之前一直是"好吃卡"团购的老客户，但水果团购是第一次。为了能给客户带来更优质、更全面的团购体验和服务，以便建立长久的客户合作关系，百果园对此次合作很重视。在礼盒的设计上，客户要求重品质、轻重量，必须是进口的高档水果。经反复沟通，百果园最终确定品项为车厘子、金奇异果、黑提葡萄、樱桃小苹果，其中车厘子为客户指定必备项。在采购部和配送部的积极配合下，礼盒最终顺利配送。

原以为此次合作完美落幕，却因车厘子的品质问题，大大降低了顾客的体验值。送货次日，A单位少部分员工反馈车厘子存在不新鲜、有少量腐烂变质的现象；第3日，A单位50%以上员工反馈车厘子霉变、腐烂严重，无法食用。A单位要求百果园重新等量补货，或给出其他的解决方案，以给领导和员工一个满意的处理结果。

经调查，本次事件的发生，主要是由于以下原因。

1. 果品特性导致不易存储和运输。车厘子是所有果品中对储存环境要求较高的一个品项，不宜反复移动且需及时冷藏。A 单位订购的是水果组合礼盒装，所以在进行礼盒包装时需要打开车厘子原来的包装，一颗颗挑选过后再装到礼盒内，容易影响果品鲜度，再加上运输时的上下搬运，很容易碰伤果品，从而加速了车厘子的霉变速度。

2. 沟通不及时。百果园未提前告知 A 单位本次所购车厘子的保鲜期、储藏方法及食用日期。A 单位员工对车厘子的保存条件存在盲区，没有及时打开车厘子进行冷藏和食用，导致果品发生霉变。

那么，如何做好客户管理，挽回顾客呢？百果园采取的方式如下。

1. 等价换取高品质果品。因考虑到车厘子近期价格上涨幅度较大且品质不稳定，补货不仅使成本增加而且还会再次存在品质问题，而冬枣此时大量上市，品质稳定、口感好，较之前报价成本大幅降低，建议 A 单位等价换成品质较稳定的 A 级冬枣。

2. 普及水果保鲜知识，提高顾客满意度。配货当天告知 A 单位本次所换取果品的正确保存方法、最佳食用日期、营养价值及每次的食用量。

最终，A 单位选择了补送冬枣，且对此次处理方案很满意，并在补货次日增加了 2 万元的礼盒订单。因此百果园不仅降低了补货成本，还避免了因车厘子品质问题造成二次补货困扰。

【想一想】

查阅相关资料，独立思考以下问题。

1. 客户调查的方法有哪些？

2. 客户服务的方法和技巧有哪些？

3. 如何对待和处理客户的投诉？

【头脑风暴】

以项目团队为单位（4~5人），队员间相互交流以上独立思考的结果，并就以下问题进行讨论。

1. 新店开业后如何在短期内发展尽可能多的会员？

2. 会员维护的主要方法有哪些？

【实训要求与流程】

此项实训任务是帮助学生所在的百果园门店发展会员。

具体要求与流程如下：

1. 每个项目团队选出一名项目经理全面负责本次实训任务的组织与实施。注意，此前担任过经理一职的不能连续担任。

2. 项目团队需完成以下任务：

（1）选取一家熟悉的门店，调查该门店的经营状况和会员发展情况。

（2）根据调查结果讨论适合该门店发展会员的方法，然后奔赴市场，寻找目标顾客。要求每名成员为所选门店发展至少3名会员。

（3）分析在发展会员的过程中遇到的困难和问题，分享成功的经验。

3. 制定详细的任务实施方案。

4. 每个项目团队在全班汇报实训成果。

5. 评分、评奖。每个项目团队选出一名成员与教师一起组成评分小组，为各项目团队打分，得分最高者获评为本次实训任务的优秀团队。

【成果与考核】

1. 每个项目团队提交一份任务实施方案。

2. 每个项目团队提交一份会员发展情况报告。

3. 项目团队的考核采用过程性考核（占总分的40%）和结果性考核（占总分的60%）相结合的办法。过程性考核主要考核个人在团队中的表现，由项目团队成员互评和项目经理考核两方面组成；结果性考核主要考核任务实施方案和成果汇报。

项目四

店长经营技能训练

任务一 分析门店所在商圈

【训练目标】

1. 提高搜集与处理信息的能力。
2. 培养解决问题的综合能力。
3. 能找出市场的机会和威胁。
4. 能针对由于选址不当而导致的经营业绩不理想的情况，提出改善思路。

【案例导入】

小张以5 000元的月租金在广州天河租下了一间18平方米的店铺，主营业务是银饰DIY。然而，这个店铺在开张伊始并没有想象中那样门庭若市，相反，在开张后的头三个月，常常是一整天没几个顾客光顾。是继续守望还是壮士断腕？这个问题一直困扰着小张。

为了防止自己做出错误的决定，小张对DIY银饰店的亏损原因做了详细的分析。

首先，小张分析了店铺所在的商圈。小张的DIY银饰店在天河城附近，这里毗邻地铁1号线和3号线，直接吸纳地铁站的上下客流，同时与繁华的天河城、正佳广场商圈内的众多商家相连接，恰好形成一个小商圈。应该说，这里人流量大，消费水平高的年轻人集中，目标客户在这个地方是不缺的，而且DIY银饰店的时尚格调正好与整个商圈的定位相匹配。唯一不足的是，小张的DIY银饰店位于二楼。

为了弥补银饰店开在二楼的劣势，小张在一楼的空白墙面和两层楼梯的显眼处贴出了DIY银饰店的广告宣传。

然后，小张主动与一些顾客沟通，了解到大部分顾客根本就不知道DIY银饰是怎么一回事。为了让更多人了解DIY银饰，小张通过朋友联系了当地电视台一个时尚节目摄制组来他店里拍了一个短片。媒体的传播力量果然厉害，没几天就有不少顾客慕名而来。头脑灵活的小张于是乘胜追击，在一家时尚类的媒体上连续刊登广告推广自己的DIY银饰店。

此外，由于制作完成一件银饰大概需要两个小时，所以细心的小张增加了副业，为顾客提供饮料和小吃,这样既满足了顾客的需求,又增加了店铺的生意。

通过以上一系列的改进措施,小张的DIY银饰店在开张的第五个月终于盈利,并且随着口碑效应的逐渐显现,生意一天比一天红火。

［案例来源:根据网络资料(http://finance.stockstar.com/SS2004061700736351.shtml)改编。］

【想一想】

查阅相关资料,独立思考以下问题。

1. 什么是商圈?

2. 影响商圈范围大小的因素有哪些?

3. 商圈调查的内容有哪些?

4. 如何绘制商圈图?

【头脑风暴】

以项目团队为单位(4~5人),队员间相互交流以上独立思考的结果,并就以下问题进行讨论。

1. 哪些因素会影响店址的选择?

2. 百果园公司在进行选址时主要考虑哪些因素?

3. 百果园门店在日常经营中是否进行商圈分析？如何分析？

【实训要求与流程】

此项实训任务是帮助百果园公司的新设门店进行商圈分析。

实训任务背景：假设百果园公司要进入广州市番禺区市场，计划在未来三年的时间内新开30家门店。请为百果园公司进行开店前的商圈分析。

具体要求与流程如下：

1. 每个项目团队选出一名项目经理全面负责本次实训任务的组织与实施。注意，此前担任过经理一职的不能连续担任。

2. 制定调研方案（包括调研的时间、调研的对象、调研的内容、调研的方法和步骤等）。

3. 根据调研方案落实分工。由项目经理组织成员进行分工，根据各自的特长和优势，分别承担不同的任务。

4. 进行实地调研。项目团队可分为两组，分头进行调研。根据目标商圈的实际情况，收集并汇总商圈内的人口、交通地理条件、城区建设规划、竞争店、消费潜力等相关信息。

5. 对调查的数据进行综合分析，撰写商圈分析报告。

6. 根据百果园公司未来三年的开店计划，结合调查结果提出建设性的意见。例如，在区域内有多少商圈，每个商圈的特性及潜力，优先进入哪些商圈，投资回报预估等。

7. 每个项目团队在全班汇报实训成果。

8. 评分、评奖。每个项目团队选出一名成员与教师一起组成评分小组，为各项目团队打分，得分最高者获评为本次实训任务的优秀团队。

【成果与考核】

1. 每个项目团队提交一份商圈调查方案。

2. 每个项目团队提交一份商圈调查表。

3. 每个项目团队提交一份商圈分析报告。

4. 每个项目团队提交一份区域开店规划建议书。

5. 项目团队的考核采用过程性考核（占总分的40%）和结果性考核（占总分的60%）相结合的办法。过程性考核主要考核个人在团队中的表现，由项目团队成员互评和项目经理考核两方面组成；结果性考核主要考核调研方案和成果汇报。

任务二　提升门店经营业绩

【训练目标】

1. 提高发现问题、分析问题的能力。
2. 培养良好的经营思维。
3. 学会进行门店经营指标诊断与数据分析。
4. 具备一定的观察和判断能力。
5. 能提出有针对性的解决方案。

【案例导入】

如今,便利店成为零售业销售额增速最快的业态。在北京市场上,7-11便利店(以下简称"7-11")一直保持稳定的增长和较好的收益。而在世界范围内,7-11也是便利店业态的标杆企业。

多年来,7-11每日不停做的课题就是分析顾客的各类需求,并开发出适合他们的商品。这是7-11之所以一直保持良好业绩的根本。

一、围绕顾客所需开发新品

与其他便利店企业在商品上长年累月一成不变相比,7-11力争在所有商品上实现一定程度的差异化。这种差异化可以体现在商品类别、陈列方式或者销售时间上。

针对顾客的不同口味要求,7-11为顾客精选最适合他们的商品,而价格也把控在顾客能够接受的范围。其实,只要比同行更深入地研究消费者,在商品把控上做得更强一点就是差异化,并非人无我有才对顾客有吸引力。7-11曾在应季的时候推出一款鳗鱼饭,深受消费者青睐。鳗鱼饭不是什么稀罕的食品,但是平常要吃到需花60~80元,但在7-11只要25元。

自有品牌商品是7-11的另一个法宝。来自7-11方面的统计数据显示,目前2 000多个品类的商品中,快速满足需求的商品如夏天的冷饮、冬天的热饮以及即食商品是顾客最愿意买单的。而目前7-11自有品牌主要集中在日配商品、饮料和包装食品上。"随着气温逐渐升高,最近我们推出了自有品牌7P爽果水。因为市面上的水饮料味道都差不多,这就让买水喝的顾客产生了'既想要喝水,又想口味丰富'的需求,"7-11有关负责人表示,抓住这一点开发商品,差异化和自有品牌的优势就可以显现出来。

二、严苛的单品管理

在普通的便利店,商品一般按品类划分,例如饮料划分为碳酸和非碳酸品类。而在7-11,单品的管理极为严苛。在做商品分析时,7-11按照各类单品进行分析管理,分别对水、茶饮料等进行分析,并非简单地按饮料类一概而论。7-11的商品开发人员根据销量、顾客的喜好把不同品类商品分为不同的单品,通过单品管理达到备货的精准度。

不过,要让所有来店顾客购物方便且满意,并不是件容易的事情。怎样更深入地了解顾客需求呢?7-11的商品开发人员会实时关注销售数据,了解商品售卖动向,根据销售量和顾客喜好做调整。仅在北京市场，商品部人员就达30人。7-11的商品研发人员并不仅仅通过简单的市场调查就判断哪类商品畅销，而是在此基础上提出自己的见解。

与此同时，7-11与厂商也建立了良好的沟通渠道，广泛听取厂商提供的信息，与厂家共同研发商品。毫无疑问，只有有效满足顾客的需求，才能实现最终的目的——创造经营利润的最大化，这样企业才能持续经营发展。

在向市场推出新品之前，7-11会先进行内部测试。随后通过市场验证，如果得知因为价格高而导致销售不畅，7-11就会调低价格；如果问题出在包装上，7-11则改换包装。通过一次次的修改，7-11让顾客来做出评判并最终让顾客买到称心如意的商品。

目前7-11的日配商品平均每日配送两次，非日配商品则隔天一次。7-11有关负责人指出，鲜度管理是7-11的四大基本原则之一，也是立店之本，就是为了向顾客提供处在最佳食用期的食品。在7-11门店，通行的做法是，只要食品已经过了最适合食用的日期就会下架，而不是等到超过保质期。

在7-11，有一种富含DHA营养成分的鸡蛋。不过，因为DHA的营养价值会因为温度的升高而降低，7-11不但全程冷链配送，在门店销售时也在风幕冷柜中陈列。"如果最后一个环节不做好温度管理，这个商品的卖点就丧失了，"7-11有关负责人说。

三、迎合顾客的"情感牌"

7-11也遭遇过成长的烦恼。顾客到便利店购物看重的就是购物方便、结账的便利等，自7-11进入北京市场以来就面临着排队购买快餐人多的难题，直接导致顾客的购物体验下降。意识到问题所在，7-11通过成品的便当，包括三明治、饭团等商品来分流。7-11有关负责人表示，不让顾客老在一个商品上耽误太多的时间，尽量用不同的口味来解决排队问题，可在无形中提升门店体验。

在7-11，原本自助加热的微波炉是放在收银员后面的，顾客把便当交给店员加热也造成排队时间过长。这样的细节，7-11自然不会放过。如今7-11把微波炉搁置在店铺的门口，顾客可以自己加热，以此减少排队的时间。此外，7-11还通过增加收银机来加快收银节奏，以此也可减少顾客排队等候的时间。

为了拉近与顾客的距离，7-11不断推出各种互动营销。例如，近期某电影热映，7-11便和该电影主办方一道举办了一次营销专场活动。只要顾客来7-11购物满20元并关注7-11官方微信就可参与抽取电影票，抽到电影票的顾客可以去观看专场电影，还可以在现场与该电影的各位主创人员进行亲密互动。业内有评论称，到7-11购物的顾客以年轻消费者居多，他们关注时尚、明星，通过此操作7-11可以极大地提高顾客对品牌的忠诚度。

（资料来源：根据黄荣发表于《中国经营报》的《7-11便利店盈利揭秘：对顾客做深入细致的洞察》改编。）

【想一想】

查阅相关资料，独立思考以下问题。

1. 经营型店长的工作重点是什么？

2. 什么是 PDCA 循环管理？

3. 什么是目标管理？什么是时间管理？

4. 什么是领导力？什么是执行力？

5. 何为来客数？何为客单价？影响门店经营业绩的因素有哪些？

【头脑风暴】

以项目团队为单位（4~5人），队员间相互交流以上独立思考的结果，并就以下问题进行讨论。

1. 经营型店长和管理型店长的区别在哪里？

2. 门店如何使用 PDCA 循环管理？请举例。

3. 百果园门店如何进行目标管理？

4. 你打算如何完成下列项目？请完成下表。

项　目	个人计划
我打算这样进行门店目标管理	
我打算这样进行个人时间管理	
我打算这样提高个人领导力	
我打算这样提高个人执行力	

5. 你将如何解决下列问题？请完成下表。

问　题	导致问题的原因	进一步改善的建议
来客数下降		
客单价降低		
经营费用上升		
门店经营业绩下降		

【实训要求与流程】

此项实训任务是帮助学生所在的百果园门店提升经营业绩。

具体要求与流程如下：

1. 每个项目团队选出一名项目经理全面负责本次实训任务的组织与实施。注意，此前担任过经理一职的不能连续担任。

2. 项目团队需完成以下任务并提交成果：

（1）选取一家熟悉的门店，对其日常经营情况进行分析。

（2）找出该门店经营中存在的关键问题，并分析原因。

（3）针对存在的问题及导致问题的原因进行分析，提出解决问题的建议。

（4）提交"××门店经营情况分析与业绩提升建议方案"。

3. 通过头脑风暴法找出解决问题的方法，制定详细的调研方案。

4. 项目经理注意收集调研过程中各成员的任务执行情况，以供汇报时呈现。

5. 每个项目团队在全班汇报实训成果。

6. 评分、评奖。每个项目团队选出一名成员与教师一起组成评分小组，为各项目团队打分，得分最高者获评为本次实训任务的优秀团队。

【成果与考核】

1. 每个项目团队提交一份"××门店经营情况分析与业绩提升建议方案"。

2. 项目团队的考核采用过程性考核（占总分的40%）和结果性考核（占总分的60%）相结合的办法。过程性考核主要考核个人在团队中的表现，由项目团队成员互评和项目经理考核两方面组成；结果性考核主要考核调研方案和成果汇报。

任务三　开展有效竞争

【训练目标】

1. 提高信息搜集与处理的能力。
2. 培养灵活应变的能力。
3. 具备一定的市场敏锐度。
4. 能找准门店开展竞争的策略。
5. 具备一定的战略思维。

【案例导入】

超市如何竞争？

一、商圈来了竞争者

A超市所在的商圈最近新开了一家B超市，该超市在一楼，总面积4 500平方米。

从地理位置来看，B 超市位于老商业区，人流较为集中，周边配套也较齐全。A 超市在二楼，总面积 3 500 平方米。但好在 A 超市开业较早，在所在商圈有一定的影响力，且商品配置和客动线①设计还算比较合理，在竞争中，销售额并没有受到很大的影响，反而还有小幅的提升，但这种提升是市场的消费力波动共振引起的市场容量增大的结果，A 超市的客流量和销售额较新开业的 B 超市还是有点差距。

1. 生鲜问题。

对于蔬菜水果，A 超市采取平价销售，而且晚市执行得非常到位，每到五点半就开始打折清仓处理。而 B 超市搞活动则只拿两三个单品做负毛利销售，而且还是限时限量，很多顾客并不能购买到促销商品。可是这一招儿很管用，每次海报一出来，就会有很多人跟风去购买，到了一看，促销商品没了，就问导购员。导购员解释说还有，在仓库里，等等就补货了，可顾客往往转一圈儿买点其他东西就走了。

2. 海报问题。

生鲜产品促销限量限时，毕竟还是真实存在。可是有些时候 B 超市在海报上做文章，比如明明是一瓶酱油 9.9 元，可是海报上画两瓶，容易让人觉得是两瓶 9.9 元，非常便宜。还有原本 800 mL 的商品在 DM（Direct Mail，快讯商品广告）上却是 1 L，顾客购买后也没有几个会跟 B 超市理论，只会感觉 B 超市的东西便宜。

3. 价格问题。

两者竞争，价格是关键。A、B 两家超市每天都会开展市场调查，然后迅速调整价格。例如，今天 B 超市看 A 超市某个产品卖多少钱，立即降价。明天 A 超市看 B 超市某个产品卖多少钱，也立即降价，并在显示屏上滚动播出。双方你来我往，顾客看得开心，购得舒心。

诸如此类的竞争行为是客观存在的。A 超市觉得两个超市竞争的焦点除了放在商品的差异化外，最主要的还是停留在价格战上。价格如同一个挥之不去的梦魇，有些时候，确实会对商家自身造成非常大的伤害。但一旦双方打上了价格战，那就是最后"拼刺刀"的时候了，这样下去只会两败俱伤。

二、如何应对

A 超市先做了 SWOT 分析（即态势分析），对自身的优缺点进行梳理，然后确定了战略方向，并在此基础上制定了商品采购、岗位设置、营销方式、竞争策略等。

1. 做精品超市。

竞争对手 B 超市进货是跟着顾客走的，顾客知道什么、想要什么就进什么商品，虽然周转较快，但毛利和持续性发展力不够，缺乏后劲。

鉴于此，A 超市拓展了进货渠道和方式，变固定采购商配货为小客户零散采购与配货相结合，既有利于丰富超市内所需的小百货特别是精品小百货的款式和降低其价格，也能最大化地进行差异化采购与竞争。对于生鲜，则增加上架前分拣分级，进行二次包装，以满足不同消费水平顾客的需求。

---

① 客动线：指顾客在卖场购物时的流动路线。

2. 拼服务。

很多超市管理者往往会错误地认为超市只需要价格低，不需要服务。B 超市也是如此，以低价为主要竞争手段，时间一长反而形成低价低端的市场形象，难以吸引中高端顾客。

鉴于此，A 超市增加了服务岗位，以提升顾客的购物体验。例如，针对超市在二楼的相对劣势，在楼梯上下两端增加楼梯服务人员；增加客服部前台员工，解决老年顾客和腿脚不方便顾客上下楼梯的安全问题和退换货问题。

3. 做优质生鲜。

A 超市生鲜区的设置虽然比 B 超市的大，但由于装修老化，并未能为顾客带来如 B 超市般的购物体验，为此，A 超市调整了生鲜区，为拉升各个消费层次做好硬件准备。例如增加立风柜，保存中高端水果和分级二次包装的蔬菜，以提升商品品质和顾客的购物信心。

4. 做长线不做短期。

A 超市在维持自身运营成本的情况下，将盈利模式修正调整，利用自身优势和前期成本控制，将资金放在以上三个方面进行超市品牌和形象维护。

[资料来源：根据联商网（http://www.linkshop.com.cn）相关资料改编。]

【想一想】

查阅相关资料，独立思考以下问题。

1. 什么是竞争战略？

2. 什么是波特的五力模型？

3. 企业在市场竞争时采取的方法和手段有哪些？

4. 如何明确门店的竞争优势？

项目四　店长经营技能训练

【头脑风暴】

以项目团队为单位（4~5人），队员间相互交流以上独立思考的结果，并就以下问题进行讨论。

1. 百果园的竞争优势有哪些？

2. 对竞争店进行分析时，着重分析哪些方面？

3. 如何获取竞争店的相关信息？

4. 百果园是如何实施差异化竞争战略的？

【实训要求与流程】

此项实训任务是帮助百果园某门店制定市场竞争战略。

实训任务背景：假设百果园某门店附近新开了一家水果专卖店，其装修风格、商品品类与百果园极为类似。请为百果园该门店制定一份应对竞争店开业的方案。

具体要求与流程如下：

1. 每个项目团队选出一名项目经理全面负责本次实训任务的组织与实施。注意，此前担任过经理一职的不能连续担任。

2. 通过实地调研，收集竞争店的相关信息。

3. 项目团队需完成以下任务并提交成果：

（1）制订竞争店调查计划。

（2）制定竞争店调查表。

（3）根据百果园的竞争战略及市场状况，制定翔实的、可操作性强的竞争店开业应对方案，包括需要公司提供的支持和配合等。

4. 项目经理注意收集调研过程中各成员的任务执行情况，以供汇报时呈现。

5. 每个项目团队在全班汇报实训成果。

6. 评分、评奖。每个项目团队选出一名成员与教师一起组成评分小组，为各项目团队打分，得分最高者获评为本次实训任务的优秀团队。

【成果与考核】

1. 每个项目团队提交一份竞争店调查计划。
2. 每个项目团队提交一份竞争店调查表。
3. 每个项目团队提交一份竞争店开业应对方案。
4. 项目团队的考核采用过程性考核（占总分的40%）和结果性考核（占总分的60%）相结合的办法。过程性考核主要考核个人在团队中的表现，由项目团队成员互评和项目经理考核两方面组成；结果性考核主要考核调查计划、应对方案和成果汇报。

附 录

百果园储备干部成长手册

广州番禺职业技术学院

姓　　名：＿＿＿＿＿＿＿＿

班　　级：＿＿＿＿＿＿＿＿

学　　号：＿＿＿＿＿＿＿＿

联系电话：＿＿＿＿＿＿＿＿

所在门店：＿＿＿＿＿＿＿＿

企业师傅：＿＿＿＿＿＿＿＿

指导教师：＿＿＿＿＿＿＿＿

二〇　　年　　月

说　　明

1. 本手册供现代学徒制市场营销专业的学生使用。

2. 学生人手一本手册，做好个人计划，并按照培训或实践的进度填写相关内容。

3. 学生在课程结束后把本手册交给指导教师，作为课程成绩的考评依据之一。

目 录

一、储备干部成长计划
二、储备干部个人职业生涯规划
三、储备干部成长记录
　（一）新员工
　　1．培训记录
　　　（1）我就是百果园
　　　（2）基本礼仪与行为规范
　　　（3）门店九无两有一整洁
　　　（4）快乐宿舍
　　2．实践记录
　　　（1）果品的挑选、打包与称重
　　　（2）陈列果品
　　　（3）收银
　　3．阶段性总结
　　4．阶段性评价
　（二）班长
　　1．培训记录
　　　（1）职业生涯规划
　　　（2）鲜度基础管理
　　　（3）果吧培训
　　　（4）熟悉门店业务流程
　　2．实践记录
　　　（1）洞察顾客需求
　　　（2）接近和留住顾客
　　　（3）巧用推销技巧
　　　（4）化解顾客异议
　　　（5）达成交易
　　　（6）处理顾客投诉
　　3．阶段性总结
　　4．阶段性评价
　（三）副店长
　　1．培训记录

(1) 目标管理

  (2) 促销管理

  (3) 商品定价与订货

  (4) 商品组合与动态销售管理

 2. 实践记录

  (1) 了解门店"作战"计划

  (2) 商品盘点

  (3) 建立和维护良好的顾客关系

  (4) 订货管理

  (5) 控损管理

  (6) 带班管理

 3. 阶段性总结

 4. 阶段性评价

(四) 店长

 1. 培训记录

  (1) 经营数据分析

  (2) 制订门店"作战"计划

  (3) 店长自我管理

  (4) 竞争战略

 2. 实践记录

  (1) 对门店经营绩效进行分析

  (2) 资产管理

  (3) 团队管理

  (4) 带教新员工

 3. 阶段性总结

 4. 阶段性评价

四、实践总结

五、考核评价

附 录

一、储备干部成长计划

姓名				所在门店			
店长及联系方式				师傅及联系方式			
业务水平	入职时间	相关要求	培训项目	实践项目	培养方式	考核方式
新员工	15天	1. 能认同企业文化； 2. 能遵守门店相关制度； 3. 能认真执行门店的基本礼仪与行为规范； 4. 能做好门店九无两有一整洁； 5. 掌握果品基本知识，做好导购准备； 6. 能正确挑果、打包、称重； 7. 掌握果品陈列相关知识，并能应用； 8. 掌握收银的规范操作	1. 我就是百果园； 2. 基本礼仪与行为规范； 3. 门店九无两有一整洁； 4. 快乐宿舍	1. 果品的挑选、打包与称重； 2. 陈列果品； 3. 收银	新员工培训 + 门店实践	培训 + 实践
班长	2个月	1. 能做好果品鲜度管理； 2. 能独立进行果吧吧台操作； 3. 能根据顾客表现，洞察顾客需求； 4. 能灵活运用推销技巧，提高销售业绩； 5. 掌握处理顾客异议的方法，学会化解顾客异议； 6. 掌握顾客投诉心理，学会有效处理顾客投诉	1. 职业生涯规划； 2. 鲜度基础管理； 3. 果吧培训； 4. 熟悉门店业务流程	1. 洞察顾客需求； 2. 接近和留住顾客； 3. 巧用推销技巧； 4. 化解顾客异议； 5. 达成交易； 6. 处理顾客投诉	班长培训 + 门店实践	培训 + 实践

41

续上表

业务水平	入职时间	相关要求	培训项目	实践项目	培养方式	考核方式
副店长	4个月	1. 能有效进行商品组合与动态销售管理，提高销售业绩； 2. 掌握顾客关系管理，学会建立和维护良好的顾客关系； 3. 掌握订货管理知识，学会订货管理； 4. 掌握控损管理知识，学会控制损耗； 5. 能进行带班管理	1. 目标管理； 2. 促销管理； 3. 商品定价与订货； 4. 商品组合与动态销售管理	1. 了解门店"作战"计划； 2. 商品盘点； 3. 建立和维护良好的顾客关系； 4. 订货管理； 5. 控损管理； 6. 带班管理	门店实践 + 副店长训练	培训 + 实践 + 副店长考试
店长	10个月	1. 能进行门店经营绩效分析； 2. 能对门店资产进行有效管理； 3. 能通过门店财务分析提高经营绩效； 4. 能进行门店团队管理； 5. 能科学带教新员工	1. 经营数据分析； 2. 制订门店"作战"计划； 3. 店长自我管理； 4. 竞争战略	1. 对门店经营绩效进行分析； 2. 资产管理； 3. 团队管理； 4. 带教新员工	门店实践 + 黄埔训练营	培训 + 实践 + 店长竞聘

二、储备干部个人职业生涯规划

姓名		性别		年龄		目前岗位	
意向职业							
个人分析	兴趣爱好						
	特长						
	性格						
	价值观						
	主要优点						
	主要缺点						
环境分析	家庭环境						
	职业环境						
目标与行动计划	短期目标	岗位目标					
		能力目标					
	行动计划						
	中期目标	岗位目标					
		能力目标					
	行动计划						
	长期目标	岗位目标					
		能力目标					
	行动计划						

三、储备干部成长记录

（一）新员工

1. 培训记录

（1）我就是百果园

培训课程	我就是百果园		培训讲师	
培训时间			集训地点	百果园广州培训中心
培训目的				
培训内容				
培训心得	1. 通过培训，你收获了什么？ 2. 参照培训内容，反思自己在门店的表现。 3. 参照培训内容，反思门店的实际执行情况。			

	考核方式	优秀	良好	一般	及格	不及格	考核人
培训评价	□课堂表现 （根据所得果币考核）						
	□理论考试 （企业学员手册考核）						
	□培训心得 （学校指导教师考核）						

（2）基本礼仪与行为规范

培训课程	基本礼仪与行为规范		培训讲师	
培训时间			集训地点	百果园广州培训中心
培训目的				
培训内容				
培训心得	1. 通过培训，你收获了什么？ 2. 参照培训内容，反思自己在门店的表现。 3. 参照培训内容，反思门店的实际执行情况。				
培训评价	考核方式	优秀	良好	一般	及格	不及格	考核人
	□课堂表现 （根据所得果币考核）						
	□理论考试 （企业学员手册考核）						
	□培训心得 （学校指导教师考核）						

(3) 门店九无两有一整洁

培训课程	门店九无两有一整洁		培训讲师	
培训时间			集训地点	百果园广州培训中心
培训目的				
培训内容				
培训心得	1. 通过培训，你收获了什么？ 2. 参照培训内容，反思自己在门店的表现。 3. 参照培训内容，反思门店的实际执行情况。			
培训评价	考核方式	优秀	良好	一般	及格	不及格	考核人
	□课堂表现 （根据所得果币考核）						
	□理论考试 （企业学员手册考核）						
	□培训心得 （学校指导教师考核）						

(4)快乐宿舍

培训课程	快乐宿舍	培训讲师	
培训时间		集训地点	百果园广州培训中心
培训目的			
培训内容			
培训心得	1. 通过培训,你收获了什么? 2. 参照培训内容,反思自己在门店的表现。 3. 参照培训内容,反思门店的实际执行情况。		

培训评价	考核方式	优秀	良好	一般	及格	不及格	考核人
	□课堂表现 (根据所得果币考核)						
	□理论考试 (企业学员手册考核)						
	□培训心得 (学校指导教师考核)						

2. 实践记录

(1) 果品的挑选、打包与称重

实践项目		果品的挑选、打包与称重
实践目的		1. 会对各种果品进行挑选； 2. 掌握各类果品的打包方法，熟练进行果品的打包； 3. 能熟记果品条码，会粘贴条码
个人实践收获	已掌握的知识	
	已掌握的技能	
个人存在的不足	应补充的知识	
	应加强的技能	
个人改进计划		
存在的困惑		
门店存在的问题及改善建议		
典型工作案例分析		

（2）陈列果品

实践项目	陈列果品	
实践目的	1. 掌握百果园果品的陈列原则； 2. 掌握百果园果品的四大陈列法； 3. 能灵活应用果品的四大陈列法提高销售业绩； 4. 培养个人的创新能力	
个人实践收获	已掌握的知识	
	已掌握的技能	
个人存在的不足	应补充的知识	
	应加强的技能	
个人改进计划		
存在的困惑		
门店存在的问题及改善建议		
典型工作案例分析		

（3）收银

实践项目		收银
实践目的		1. 掌握收银过程中需用到的各种话术，如购物袋话术、手机会员话术、零钱转存话术、欢送话术； 2. 学会收银过程中需用到的各种服务技巧，如微笑服务、收银唱票、感动服务； 3. 熟练掌握各种不同支付方式的收银操作方法； 4. 能熟记果品条码，提高收银效率； 5. 学会收银岗位的连带销售，提高销售业绩
个人实践收获	已掌握的知识	
	已掌握的技能	
个人存在的不足	应补充的知识	
	应加强的技能	
个人改进计划		
存在的困惑		
门店存在的问题及改善建议		
典型工作案例分析		

3. 阶段性总结

绩效目标达成情况	（可从销售额、来客数、单笔额、损耗率进行总结，也可从目标达成率进行总结。）
个人素养提高	
应知理论	
应会技能	
个人心得体会	
存在问题与困惑	
下一阶段努力方向	

4. 阶段性评价

	考评内容	考评项目	分值/分	评分/分
师傅评价	工作态度	责任心	10	
		主动性	10	
		自我提高热情	5	
		品德修养	5	
		人际关系	5	
	业务能力	专业常识	10	
		学习接受能力	10	
		解决问题能力	10	
		创新能力	10	
	工作绩效	保质保量完成所布置的工作和学习任务	10	
		工作效率	15	
	综合得分/分			
	改进建议：			
	师傅签名：		日期：	
部门评价				
	签字：		日期：	
备注				

（二）班长

1. 培训记录

（1）职业生涯规划

培训课程	职业生涯规划		培训讲师	
培训时间			集训地点	百果园广州培训中心
培训目的				
培训内容				
培训心得	1. 通过培训，你收获了什么？			
	2. 参照培训内容，反思自己在门店的表现。			
	3. 参照培训内容，反思门店的实际执行情况。			

	考核方式	优秀	良好	一般	及格	不及格	考核人
培训评价	□课堂表现 （根据所得果币考核）						
	□理论考试 （企业学员手册考核）						
	□培训心得 （学校指导教师考核）						

53

（2）鲜度基础管理

培训课程	鲜度基础管理		培训讲师	
培训时间			集训地点	百果园广州培训中心
培训目的				
培训内容				
培训心得	1. 通过培训，你收获了什么？			
	2. 参照培训内容，反思自己在门店的表现。			
	3. 参照培训内容，反思门店的实际执行情况。			
培训评价	考核方式	优秀	良好	一般	及格	不及格	考核人
	□课堂表现 （根据所得果币考核）						
	□理论考试 （企业学员手册考核）						
	□培训心得 （学校指导教师考核）						

（3）果吧培训

培训课程		果吧培训		培训讲师		
培训时间				集训地点		百果园广州培训中心
培训目的						
培训内容						
培训心得	1. 通过培训，你收获了什么？ 2. 参照培训内容，反思自己在门店的表现。 3. 参照培训内容，反思门店的实际执行情况。					
培训评价	考核方式	优秀	良好	一般	及格	不及格	考核人
	□课堂表现 （根据所得果币考核）						
	□理论考试 （企业学员手册考核）						
	□培训心得 （学校指导教师考核）						

55

（4）熟悉门店业务流程

培训课程	熟悉门店业务流程		培训讲师	
培训时间			集训地点	百果园广州培训中心
培训目的				
培训内容				
培训心得	1. 通过培训，你收获了什么？			
	2. 参照培训内容，反思自己在门店的表现。			
	3. 参照培训内容，反思门店的实际执行情况。			

	考核方式	优秀	良好	一般	及格	不及格	考核人
培训评价	□课堂表现 （根据所得果币考核）						
	□理论考试 （企业学员手册考核）						
	□培训心得 （学校指导教师考核）						

附 录

2. 实践记录

（1）洞察顾客需求

实践项目		洞察顾客需求
实践目的		1. 掌握顾客在购买过程中的心理变化； 2. 会通过观察购买信号、推荐商品、直接询问顾客、倾听四种方法，了解顾客的需求； 3. 会接待不同类型的顾客，如新老顾客、不同性别的顾客、不同年龄的顾客
个人实践收获	已掌握的知识	
	已掌握的技能	
个人存在的不足	应补充的知识	
	应加强的技能	
个人改进计划		
存在的困惑		
门店存在的问题及改善建议		
典型工作案例分析		

（2）接近和留住顾客

实践项目		接近和留住顾客
实践目的		1. 树立顾客服务意识，做好"三声"服务与微笑服务； 2. 懂得把握为顾客介绍产品的最佳时机； 3. 掌握接近顾客的方法，如提问接近法、介绍接近法、赞美接近法、示范产品接近法等，并在工作中能灵活运用； 4. 掌握接待顾客的"5S"原则，用"微笑、诚恳、灵巧、迅速、研究"来留住顾客
个人实践收获	已掌握的知识	
	已掌握的技能	
个人存在的不足	应补充的知识	
	应加强的技能	
个人改进计划		
存在的困惑		
门店存在的问题及改善建议		
典型工作案例分析		

(3) 巧用推销技巧

实践项目		巧用推销技巧
实践目的		1. 掌握实用的推销技巧，如 FABE 法、对比推介法、心理暗示法等，并在工作中能灵活运用； 2. 掌握顾问式推介方法，并学会用该方法为顾客介绍水果； 3. 掌握各种水果的"三好"，并用"三好"方法来介绍水果
个人实践收获	已掌握的知识	
	已掌握的技能	
个人存在的不足	应补充的知识	
	应加强的技能	
个人改进计划		
存在的困惑		
门店存在的问题及改善建议		
典型工作案例分析		

(4)化解顾客异议

实践项目		化解顾客异议
实践目的		1. 学会区分判断顾客异议的类型； 2. 掌握化解顾客异议的方法，如转折处理法、转化处理法、以优补劣法、委婉处理法、冷处理法等； 3. 能灵活运用化解顾客异议的方法，消除顾客异议，达成交易； 4. 掌握一些与顾客沟通的技巧，提高个人的沟通能力
个人实践收获	已掌握的知识	
	已掌握的技能	
个人存在的不足	应补充的知识	
	应加强的技能	
个人改进计划		
存在的困惑		
门店存在的问题及改善建议		
典型工作案例分析		

（5）达成交易

实践项目		达成交易
实践目的		1. 善于识别成交信号，如顾客的表情、语言、行为以及进程信号，把握成交机会； 2. 掌握促使顾客成交的技巧，如请求购买法、选择商品法、假设顾客要买法、扬长避短法、价格优惠法等
个人实践收获	已掌握的知识	
	已掌握的技能	
个人存在的不足	应补充的知识	
	应加强的技能	
个人改进计划		
存在的困惑		
门店存在的问题及改善建议		
典型工作案例分析		

(6) 处理顾客投诉

实践项目		处理顾客投诉
实践目的		1. 能正确认识顾客投诉； 2. 掌握处理顾客投诉的方法和步骤； 3. 能有效处理各种顾客投诉； 4. 培养良好的服务意识与心态
个人实践收获	已掌握的知识	
	已掌握的技能	
个人存在的不足	应补充的知识	
	应加强的技能	
个人改进计划		
存在的困惑		
门店存在的问题及改善建议		
典型工作案例分析		

3. 阶段性总结

绩效目标达成情况	（可从销售额、来客数、单笔额、损耗率进行总结，也可从目标达成率进行总结。）
个人素养提高	
应知理论	
应会技能	
个人心得体会	
存在问题与困惑	
下一阶段努力方向	

4. 阶段性评价

	考评内容	考评项目	分值/分	评分/分
师傅评价	工作态度	责任心	10	
		主动性	10	
		自我提高热情	5	
		品德修养	5	
		人际关系	5	
	业务能力	专业常识	10	
		学习接受能力	10	
		解决问题能力	10	
		创新能力	10	
	工作绩效	保质保量完成所布置的工作和学习任务	10	
		工作效率	15	
	综合得分/分			
	改进建议：			
	师傅签名：		日期：	
部门评价				
	签字：		日期：	
备注				

（三）副店长
1．培训记录
（1）目标管理

培训课程	目标管理		培训讲师	
培训时间			集训地点	百果园广州培训中心
培训目的				
培训内容				
培训心得	1．通过培训，你收获了什么？			
	2．参照培训内容，反思自己在门店的表现。			
	3．参照培训内容，反思门店的实际执行情况。			

培训评价	考核方式	优秀	良好	一般	及格	不及格	考核人
	□课堂表现 （根据所得果币考核）						
	□理论考试 （企业学员手册考核）						
	□培训心得 （学校指导教师考核）						

（2）促销管理

培训课程		促销管理		培训讲师		
培训时间				集训地点	百果园广州培训中心	
培训目的						
培训内容						
培训心得	1. 通过培训，你收获了什么？					
	2. 参照培训内容，反思自己在门店的表现。					
	3. 参照培训内容，反思门店的实际执行情况。					
培训评价	考核方式	优秀	良好	一般	及格	不及格	考核人
	□课堂表现 （根据所得果币考核）						
	□理论考试 （企业学员手册考核）						
	□培训心得 （学校指导教师考核）						

（3）商品定价与订货

培训课程	商品定价与订货		培训讲师			
培训时间			集训地点	百果园广州培训中心		
培训目的						
培训内容						
培训心得	1. 通过培训，你收获了什么？					
	2. 参照培训内容，反思自己在门店的表现。					
	3. 参照培训内容，反思门店的实际执行情况。					
培训评价	考核方式	优秀	良好	一般	及格	不及格	考核人
	□课堂表现 （根据所得果币考核）						
	□理论考试 （企业学员手册考核）						
	□培训心得 （学校指导教师考核）						

（4）商品组合与动态销售管理

培训课程	商品组合与动态销售管理		培训讲师				
培训时间			集训地点	百果园广州培训中心			
培训目的							
培训内容							
培训心得	1. 通过培训，你收获了什么？ 2. 参照培训内容，反思自己在门店的表现。 3. 参照培训内容，反思门店的实际执行情况。						
培训评价	考核方式	优秀	良好	一般	及格	不及格	考核人
	□课堂表现 （根据所得果币考核）						
	□理论考试 （企业学员手册考核）						
	□培训心得 （学校指导教师考核）						

附 录

2. 实践记录

（1）了解门店"作战"计划

实践项目		了解门店"作战"计划
实践目的		1. 理解"战壕"小黑板的意义； 2. 熟悉"战壕"小黑板的内容； 3. 理解门店"作战"计划的内容
个人实践收获	已掌握的知识	
	已掌握的技能	
个人存在的不足	应补充的知识	
	应加强的技能	
个人改进计划		
存在的困惑		
门店存在的问题及改善建议		
典型工作案例分析		

（2）商品盘点

实践项目		商品盘点
实践目的		1. 了解商品盘点的目的和原则； 2. 熟悉商品盘点的流程，如盘点前准备、盘点中作业、盘点后处理； 3. 能按照门店要求做好果品盘点工作
个人实践收获	已掌握的知识	
	已掌握的技能	
个人存在的不足	应补充的知识	
	应加强的技能	
个人改进计划		
存在的困惑		
门店存在的问题及改善建议		
典型工作案例分析		

(3) 建立和维护良好的顾客关系

实践项目		建立和维护良好的顾客关系
实践目的		1. 树立正确的顾客意识； 2. 根据实践，归纳总结出建立顾客关系的方法； 3. 与顾客保持良好的关系
个人实践收获	已掌握的知识	
	已掌握的技能	
个人存在的不足	应补充的知识	
	应加强的技能	
个人改进计划		
存在的困惑		
门店存在的问题及改善建议		
典型工作案例分析		

（4）订货管理

实践项目		订货管理
实践目的		1. 掌握百果园果品订货的六大原理； 2. 掌握百果园订货时选择品项的方法； 3. 了解订货前需考虑的因素有哪些； 4. 能根据订货流程进行订货
个人实践收获	已掌握的知识	
	已掌握的技能	
个人存在的不足	应补充的知识	
	应加强的技能	
个人改进计划		
存在的困惑		
门店存在的问题及改善建议		
典型工作案例分析		

（5）控损管理

实践项目	控损管理	
实践目的	1. 能分析门店产生损耗的原因，如人为损耗、自然损耗、意外损耗等； 2. 掌握损耗控制的方法，如合理订货、收货控制、鲜度管理、快销管理等； 3. 能从降低损耗的角度提出自己关于控损管理的见解	
个人实践收获	已掌握的知识	
	已掌握的技能	
个人存在的不足	应补充的知识	
	应加强的技能	
个人改进计划		
存在的困惑		
门店存在的问题及改善建议		
典型工作案例分析		

(6) 带班管理

实践项目		带班管理
实践目的		1. 能正确认识带班的角色； 2. 能调整好带班心态； 3. 熟悉带班工作内容； 4. 能合理制订销售计划； 5. 能有效激发团队的工作积极性，完成销售目标
个人实践收获	已掌握的知识	
	已掌握的技能	
个人存在的不足	应补充的知识	
	应加强的技能	
个人改进计划		
存在的困惑		
门店存在的问题及改善建议		
典型工作案例分析		

3. 阶段性总结

绩效目标达成情况	（可从销售额、来客数、单笔额、损耗率进行总结，也可从目标达成率进行总结。）
个人素养提高	
应知理论	
应会技能	
个人心得体会	
存在问题与困惑	
下一阶段努力方向	

4. 阶段性评价

	考评内容	考评项目	分值/分	评分/分
师傅评价	工作态度	责任心	10	
		主动性	10	
		自我提高热情	5	
		品德修养	5	
		人际关系	5	
	业务能力	专业常识	10	
		学习接受能力	10	
		解决问题能力	10	
		创新能力	10	
	工作绩效	保质保量完成所布置的工作和学习任务	10	
		工作效率	15	
	综合得分/分			
	改进建议：			
	师傅签名：		日期：	
部门评价	签字：		日期：	
备注				

(四)店长

1. 培训记录

(1) 经营数据分析

培训课程	经营数据分析		培训讲师				
培训时间			集训地点	深圳培训总部			
培训目的							
培训内容							
培训心得	1. 通过培训,你收获了什么?						
	2. 参照培训内容,反思自己在门店的表现。						
	3. 参照培训内容,反思门店的实际执行情况。						
培训评价	考核方式	优秀	良好	一般	及格	不及格	考核人
	□课堂表现 (根据所得果币考核)						
	□理论考试 (企业学员手册考核)						
	□培训心得 (学校指导教师考核)						

（2）制订门店"作战"计划

培训课程	制订门店"作战"计划		培训讲师			
培训时间			集训地点	深圳培训总部		
培训目的						
培训内容						
培训心得	1. 通过培训，你收获了什么？					
	2. 参照培训内容，反思自己在门店的表现。					
	3. 参照培训内容，反思门店的实际执行情况。					
培训评价	考核方式	优秀	良好	一般	及格	不及格	考核人
	□课堂表现 （根据所得果币考核）						
	□理论考试 （企业学员手册考核）						
	□培训心得 （学校指导教师考核）						

（3）店长自我管理

培训课程	店长自我管理		培训讲师	
培训时间			集训地点	深圳培训总部
培训目的				
培训内容				
培训心得	1. 通过培训，你收获了什么？ 2. 参照培训内容，反思自己在门店的表现。 3. 参照培训内容，反思门店的实际执行情况。			
培训评价	考核方式	优秀	良好	一般	及格	不及格	考核人
	□课堂表现 （根据所得果币考核）						
	□理论考试 （企业学员手册考核）						
	□培训心得 （学校指导教师考核）						

（4）竞争战略

培训课程	竞争战略		培训讲师	
培训时间			集训地点	深圳培训总部
培训目的				
培训内容				
培训心得	1. 通过培训，你收获了什么？			
	2. 参照培训内容，反思自己在门店的表现。			
	3. 参照培训内容，反思门店的实际执行情况。			

培训评价	考核方式	优秀	良好	一般	及格	不及格	考核人
	□课堂表现 （根据所得果币考核）						
	□理论考试 （企业学员手册考核）						
	□培训心得 （学校指导教师考核）						

2. 实践记录

(1) 对门店经营绩效进行分析

实践项目	对门店经营绩效进行分析	
实践目的	1. 知道门店的利润如何计算； 2. 知道门店盈亏平衡点的计算； 3. 知道影响门店经营绩效的关键数据； 4. 知道提升销售额、来客数、单笔额的关键因素	
个人实践收获	已掌握的知识	
	已掌握的技能	
个人存在的不足	应补充的知识	
	应加强的技能	
个人改进计划		
存在的困惑		
门店存在的问题及改善建议		
典型工作案例分析		

(2) 资产管理

实践项目	资产管理	
实践目的	1. 了解门店的资产类别； 2. 掌握资产管理的方法； 3. 能对门店资产进行有效管理	
个人实践收获	已掌握的知识	
	已掌握的技能	
个人存在的不足	应补充的知识	
	应加强的技能	
个人改进计划		
存在的困惑		
门店存在的问题及改善建议		
典型工作案例分析		

（3）团队管理

实践项目		团队管理
实践目的		1. 掌握团队管理技巧； 2. 能对门店团队进行有效管理
个人实践收获	已掌握的知识	
	已掌握的技能	
个人存在的不足	应补充的知识	
	应加强的技能	
个人改进计划		
存在的困惑		
门店存在的问题及改善建议		
典型工作案例分析		

(4) 带教新员工

实践项目		带教新员工
实践目的		1. 掌握带教新员工的方法与步骤； 2. 能有效带教新员工
个人实践收获	已掌握的知识	
	已掌握的技能	
个人存在的不足	应补充的知识	
	应加强的技能	
个人改进计划		
存在的困惑		
门店存在的问题及改善建议		
典型工作案例分析		

3. 阶段性总结

绩效目标达成情况	（可从销售额、来客数、单笔额、损耗率进行总结，也可从目标达成率进行总结。）
个人素养提高	
应知理论	
应会技能	
个人心得体会	
存在问题与困惑	
下一阶段努力方向	

4. 阶段性评价

	考评内容	考评项目	分值/分	评分/分
师傅评价	工作态度	责任心	10	
		主动性	10	
		自我提高热情	5	
		品德修养	5	
		人际关系	5	
	业务能力	专业常识	10	
		学习接受能力	10	
		解决问题能力	10	
		创新能力	10	
	工作绩效	保质保量完成所布置的工作和学习任务	10	
		工作效率	15	
	综合得分/分			
	改进建议：			
	师傅签名：		日期：	
部门评价				
	签字：		日期：	
备注				

四、实践总结

实践目的	
实践时间	
实践内容	
实践体会	要求：从以下 4 个方面总结，字数不少于 2 000 字。 1. 评价实践目标达成情况；2. 分析收获；3. 发现实践中的不足；4. 提出今后努力的方向

五、考核评价

项目	内容	序号	考核项	分值/分	评分标准	自评/分	师傅评/分
态度（45分）	敬业精神	1	工作主动性	3	积极主动，有热情，充满干劲，无须督促		
				2	有时缺少激情，缺乏干劲，偶尔需要督促		
				0	不积极主动，没有热情，缺少动力，需经常督促		
		2	工作责任心	3	尽心尽责，态度认真，工作出色		
				2	责任心不强，工作不细致，偶尔犯错误		
				0	责任心不强，工作不认真，时常犯错误		
		3	工作完成效率	3	能及时准确完成工作，无须督促		
				2	督促下滞后完成工作		
				0	难以完成工作		
		4	工作纪律性	3	遵守公司的各项规章制度，不违反规定		
				2	偶尔犯错误，违反规定		
				0	经常犯错误，违反规定		
		5	对待出现的错误	3	主动承担责任，并积极改正、防范		
				2	虽积极改正，但仍然会犯类似的错误		
				0	推卸责任，不加以改正		
		6	应对困难和挑战	3	主动迎接挑战，无畏难情绪		
				2	大部分主动迎接，但有时也会出现畏难情绪		
				0	用消极情绪面对困难和挑战		
		7	对待学习和培训	3	积极参加，不缺勤，认真记录		
				2	积极参加，但偶有迟到、早退现象		
				0	经常迟到或者早退，不认真记录		
	团队意识	8	服从安排，听从命令	3	服从命令，听从安排，并积极执行、实施		
				2	对安排的任务避重就轻，偶有怠慢		
				0	不听从安排，消极怠慢		
		9	积极协助其他员工完成工作	3	在完成工作之余，能积极协助其他员工		
				2	偶有帮助其他员工完成工作		
				0	不关心其他员工的工作		

续上表

项目	内容	序号	考核项	分值/分	评分标准	自评/分	师傅评/分
能力（45分）	能力评价	10	门店工作基本知识的掌握	2	能熟练掌握，且在工作时能熟练应用		
				1	能熟练掌握，但应用不熟练		
				0	知之较少，应用不熟练		
		11	应具有的门店工作技能	3	已全部掌握，且应用比较熟练		
				2	虽已掌握，但应用不很熟练		
				0	没有掌握，应用不熟练		
		12	人际关系处理与交往技能	3	处理得当，与人相处愉快，关系融洽		
				2	偶有不愉快的情形出现，但不影响工作		
				0	时常出现不愉快的情形，影响正常工作		
		13	沟通能力	3	沟通积极、热情，并能准确传达信息		
				2	沟通不积极、不热情，但也能传达信息		
				0	沟通不积极、不热情，也不能传达信息		
		14	解决问题能力	3	能积极有效解决工作中碰到的问题		
				2	能主动解决问题，效果较好		
				0	工作中遇到问题时手足无措，非常被动		
		15	对公司各种规章制度、组织体系的了解	2	熟悉公司的各项规章制度、组织体系		
				1	对公司的规章制度知道较多，基本了解公司的组织体系		
				0	对公司的规章制度知之甚少，不了解公司的组织体系		
		16	书面表达能力	3	表达能力较强，语言文字组织符合逻辑，意思表达明确		
				1	语言文字组织虽不是很合理，但意思表达基本明确		
				0	语言文字组织混乱，意思表达不明确		
	学习创新能力	17	是否经常学习工作技能或专业知识	3	积极学习门店相关技能和专业知识，提高较快		
				2	偶尔咨询与学习		
				0	不询问、不学习，缺乏积极主动性		
		18	对新事物的接受能力	3	热情支持，主动帮助完善，接受能力强		
				2	虽能支持，但不够积极、热情，接受能力一般		
				0	不关心、不支持，只会被动接受		
		19	提出合理建议	3	对门店存在的问题有自己的见解，能提出合理建议		
				2	能发现问题，但提出的建议一般		
				0	只能看到自己存在的问题，不能看到门店存在的问题		

续上表

项目	内容	序号	考核项	分值/分	评分标准	自评/分	师傅评/分
岗位业绩（10分）	工作成果	20	交办的任务能否按时完成	3	能提前完成任务		
				2	在规定时间内完成任务		
				0	拖拖拉拉，不能在规定时间内完成任务		
		21	交办的任务能否保质完成	3	符合要求，保证质量		
				2	偶尔不符合要求，但不影响工作的开展		
				0	不能保证质量		
评分合计/分					100		

师傅评价
师傅签名：　　　　　　　　　　　　　　日期：

企业评价
盖章：

参 考 文 献

1. 贾昌荣. 金牌店长的营销经［M］. 北京：中国电力出版社，2014.
2. 黄宪仁. 店长操作手册［M］. 修订本. 北京：电子工业出版社，2015.
3. 张谦. 给你个门店，你该怎么管？［M］. 北京：中国财政经济出版社，2014.
4. 潘文富，黄静. 从零开始做门店：门店运营的 60 个基础技术工具［M］. 广州：广东经济出版社，2015.
5. 操阳，徐恺. 门店营运管理［M］. 南京：南京大学出版社，2014.
6. 黄荣. 7－11 便利店盈利揭秘：对顾客做深入细致的洞察［N/OL］. 中国经营报，2015－05－01［2016－08－01］. http：//www.cb.com.cn/businesses/2015_0501/1128619.html.